# SHANE MARQUIN VAN ROOYEN

## Ereklere Harte
### 100 Afrikaanse Gedigte : Van Die Boland Tot Die Kaap

*First published by Reedsy.com/draft2digital/Amazon.com/ 2024*

*Copyright © 2024 by Shane Marquin van Rooyen*

*All rights reserved. No part of this publication may be reproduced, stored or transmitted in any form or by any means, electronic, mechanical, photocopying, recording, scanning, or otherwise without written permission from the publisher. It is illegal to copy this book, post it to a website, or distribute it by any other means without permission.*

*Shane Marquin van Rooyen asserts the moral right to be identified as the author of this work.*

*Shane Marquin van Rooyen has no responsibility for the persistence or accuracy of URLs for external or third-party Internet Websites referred to in this publication and does not guarantee that any content on such Websites is, or will remain, accurate or appropriate.*

*Designations used by companies to distinguish their products are often claimed as trademarks. All brand names and product names used in this book and on its cover are trade names, service marks, trademarks and registered trademarks of their respective owners. The publishers and the book are not associated with any product or vendor mentioned in this book. None of the companies referenced within the book have endorsed the book.*

*First edition*

*This book was professionally typeset on Reedsy.
Find out more at reedsy.com*

*Toewyding*

*Aan my inspirasie dra ek toe*
*Hierdie versameling van woorde,*
*Aan my Familie en vriende kollegas en almal wat op ń manier deel*
*uitmaak van hierdie bundel,*
*Elke vers is 'n stuk van my hart en siel*
*Vir jou, my motivering, my uiteindelike doel*

*Jy was al in die donkerste dae daar*
*Lei my deur die chaotiese doolhof van die lewe*
*U krag en wysheid, my leidende lig*
*Help my om deur die moeilikste lot te kyk*

*Deur vreugde en hartseer het jy aan my sy gestaan.*

## Contents

| | |
|---|---:|
| Gedig 1 | 1 |
| Gedig 2 | 3 |
| Gedig 3 | 5 |
| Gedig 4 | 9 |
| Gedig 5 | 11 |
| Gedig 6 | 13 |
| Gedig 7 | 15 |
| Gedig 8 | 17 |
| Gedig 9 | 20 |
| Gedig 10 | 22 |
| Gedig 11 | 24 |
| Gedig 12 | 26 |
| Gedig 13 | 28 |
| Gedig 14 | 30 |
| Gedig 15 | 32 |
| Gedig 16 | 34 |
| Gedig 17 | 36 |
| Gedig 18 | 39 |
| Gedig 19 | 41 |
| Gedig 20 | 43 |
| Gedig 21 | 45 |
| Gedig 22 | 47 |
| Gedig 23 | 49 |
| Gedig 24 | 51 |

| | |
|---|---|
| Gedig 25 | 54 |
| Gedig 26 | 57 |
| Gedig 27 | 60 |
| Gedig 28 | 62 |
| Gedig 29 | 64 |
| Gedig 30 | 66 |
| Gedig 31 | 68 |
| Gedig 32 | 71 |
| Gedig 33 | 73 |
| Gedig 34 | 75 |
| Gedig 35 | 77 |
| Gedig 36 | 79 |
| Gedig 37 | 81 |
| Gedig 38 | 83 |
| Gedig 39 | 85 |
| Gedig 40 | 87 |
| Gedig 41 | 89 |
| Gedig 42 | 91 |
| Gedig 43 | 94 |
| Gedig 44 | 96 |
| Gedig 45 | 98 |
| Gedig 46 | 100 |
| Gedig 47 | 102 |
| Gedig 48 | 104 |
| Gedig 49 | 106 |
| Gedig 50 | 109 |
| Gedig 51 | 111 |
| Gedig 52 | 113 |
| Gedig 53 | 115 |
| Gedig 54 | 117 |
| Gedig 55 | 119 |

| | |
|---|---|
| Gedig 56 | 121 |
| Gedig 57 | 123 |
| Gedig 58 | 125 |
| Gedig 59 | 127 |
| Gedig 60 | 129 |
| Gedig 61 | 132 |
| Gedig 62 | 134 |
| Gedig 63 | 136 |
| Gedig 64 | 138 |
| Gedig 65 | 140 |
| Gedig 66 | 142 |
| Gedig 67 | 144 |
| Gedig 68 | 146 |
| Gedig 69 | 148 |
| Gedig 70 | 150 |
| Gedig 71 | 152 |
| Gedig 72 | 154 |
| Gedig 73 | 156 |
| Gedig 74 | 158 |
| Gedig 75 | 160 |
| Gedig 76 | 162 |
| Gedig 77 | 164 |
| Gedig 78 | 166 |
| Gedig 79 | 168 |
| Gedig 80 | 170 |
| Gedig 81 | 172 |
| Gedig 82 | 174 |
| Gedig 83 | 176 |
| Gedig 84 | 178 |
| Gedig 85 | 180 |
| Gedig 86 | 182 |

| | |
|---|---|
| Gedig 87 | 185 |
| Gedig 88 | 187 |
| Gedig 89 | 189 |
| Gedig 90 | 191 |
| Gedig 91 | 193 |
| Gedig 92 | 195 |
| Gedig | 197 |
| Gedig 94 | 199 |
| Gedig 95 | 201 |
| Gedig 96 | 203 |
| Gedig 97 | 205 |
| Gedig 98 | 207 |
| Gedig 99 | 209 |
| Gedig 100 | 211 |
| Gedig 101 Tot Bemoediging | 214 |
| Gedig 102 Bemoediging slotte | 216 |
| *About the Author* | 218 |

# Gedig 1

Deur: Shane Marquin van Rooyen

**Ontvouende werklikheid van my gedagtes.**

In die dieptes van my gedagtes ontvou 'n storie,
'n Verhaal van liefde en verlies,
van geheime wat nie vertel is nie.
Flitse van die verlede,
wat binne in my siel spook,
'n Las wat ek dra, 'soos ń swaar tol.

Herinneringe soos skadu's,
wat in die nag dans,
Flikkerende vlamme, wat 'n grillerige lig werp.

Lê my antwoorde by die kerk?
Of is dit onder my vriende by die werk.
Ek soek antwoorde, in die labirint van my gedagtes,

## Ereklere Harte

Verlore in die doolhof, waar na waarheid gesoek word.

Die gewig van spyt, 'soos n swaar ketting om my nek.
Wat my iewers aan die verlede bind,
Wat my pyn veroorsaak. Soos ń gesnik teen tussen my oë af
deur die been van my kaak
Maar iewers in die duisternis, Is 'n glimps van hoop,
'n Kans vir verlossing, Vind ek vir my sonde hierdie keer
'n manier om te hanteer.

Ek omarm die reis,
deur die verwarde doolhof,
Wat my verrassend in die gesig staar,
Want , in die dieptes van my gedagtes, waar stories gespin
word,
Vind ek die krag
om te genees, en uiteindelik
vorentoe te beweeg.

# Gedig 2

## Die man van eer

Geskryf deur: Shane Marquin van Rooyen

In skaduwees gedrapeer staan soos n lang skraal man in eer
gekeer hy alleen,
Ň Gestalte in die skemerlig se donker toorn besig.
Met stille teenwoordigheid bekyk hy die nag,
Gedrapeer in swart wat sy geloof navore bring
n lied op sy hart om te sing
Aan alle dankbaarheid om hulde te bring.
'n Baken van hoop, en eer
Soos n eensame ridder op n perd,
Op reis na n plek , maak hy alles laat werk.

In swart drag, soos n pak steenkool,
'n Man van geheime, en kennis diep binne in sy verborge siel.
Gee hy net eer aan Sy Heer.

## *Ereklere Harte*

En maak bekend alles wat sy hart begeer.

Om sy nek, dra hy ń ketting van noodlot,
'n Simbool van verset, 'n merk van gewig.
Swaarkry en sig
Maar hy raak nie moeg
Om die onvrugbare lande met
Sy perd se kloue te ploeg.

Voor hom uit kyk hy wyd
Daar lê 'n heining van staal,
Wat hom skei van die eintlike prys wat hy moet behaal.
Op Sy wit perd , Galop- Galop ,Galop
hy stadig vooruit, soos sy hart ritmies klop,
Want in sy gedagte weet hy- dat Anderkant die sterk staal
versperring
slaap 'n stad,
Sy geheime verborge,
sy stilte word êrens daar bewaar sonder sorge.

In die agtergrond, van sy rit staan n toring hoog,
n naam van sy bestaan
Elke dag nog n keer , Voeg hy by in sy goue raam, so
Probeer die die man van eer
Om weer te probeer
In die swart drag van geloof wat hy dra om hom te eer.

\* \* \*

*Gedig 3*

**My pers lappies kombersie**

Geskryf deur Shane Marquin van Rooyen

My kinder herinneringe is ingeweef
in die drade van my gekoesterde persoonlike pers lappies kombersie,

'n troos wat ek as kind
elke oomblik wat ek vanaf weet altyd naby my sou vind.

Maar nou, dat ek gegroei het,
is my pers lappies kombersie net nêrens te vinde,
soek ek êrens tussen die winde.

Ek en my pers lappies kombersie,
my kinderlike beminde,
is nêrens meer te vinde,

*Ereklere Harte*

lyk dit asof dit verdwyn het,
laat my verlang na sy bekende omhelsing,
warm en snoesige liefde,
wat my nooit sou los
al sou dit, Wat ook al kos.

Waarheen kon dit gegaan het ?
dit was vir my ń simbool
van liefde, waarlik waar,
Ek het dit gewaar
in die kanale waardeur my bloed vaar,

dat my ma my so sag toegedraai het
In die pers lappies kombersie
onder die gewankel van die vlam van ń kersie.

Die geur van baba-olie, kruie en klapper -
Harmansdrup, en ander het my laat voel, ek is dapper,

Onder die warme liefde
van my pers lappies kombersie.
My persoonlike kombersie se gedagtes is my konstante metgesel.
Dit laat my wonder of ek hom eendag weer sal sien
al is dit ook net ń halo,
Hoe gaan dit my vriend?

Die pers lappies kombersie,
Dit was altyd daar,
wanneer ek dit nodig gehad het,
maar nou dat ek 'n volwassene is,

*Gedig 3*

het my persoonlike kombersie net verander
in 'n diepe verlange
wat op verskillende maniere aan my hart ruk.
Voel dit sommige kere , dat ek net hom nou nodig het, om die ruk te druk.

Want my pers lappies kombersie
het alles van my hart af weg gehou,
En net warmte en liefde het hy om my gevou.
Daar is niks,
Ek vind niks
in die vergelyk van 'n ma se liefde en 'n persoonlike kombersie,
die geknetter van 'n vuur,
onder die plaas lig kersie,
Langs die muur
'n pot wat op die vuur prut,
op die hout stoof van ons huisie.

Die draadloos wat saam gesels op die agtergrond van my pers lappies kombersie,
En die geur van tuisgebakte brood wat heerlik deur die mure trek,
maak die pers lappies kombersie
se liefde net meer perfek.
Eendag ,
miskien eendag
sal ek hom weer sien,
maar nou is die gedagtes
van sy bestaan vir my
altyd my traan.

## Ereklere Harte

\*\*\*

# Gedig 4

**Die Lewens dans**

Geskryf deur:
Shane Marquin van Rooyen

In die maan se sagte gloed loop sy alleen,
'n Vrou in swart,
haar teenwoordigheid is onbekend.
Palmbome fluister geheime vir die nag,
Terwyl sy stadig beweeg, gebaai in die sterlig.

'n Tatoeëermerk op haar rug,
'n onvertelde storie, op ń brug
Ingewikkelde patrone,
oud en gewaagd onder die horisone.
Dans sy deur die lewe,
Elke tree wat sy gee
is 'n dans met die noodlot

## *Ereklere Harte*

Haar oë hou geheimenisse in, diep soos die meer
reg voor haar deur.

Deur die skaduwees van die lig dwaal sy vry,
Haar naam is geloof
'n Visie van skoonheid
'n siel wat los geketting is.
Die wêreld om haar verdwyn,
Dus net sy en En haar self
en die gedagte van ń trein.

# Gedig 5

**Diepe Slae**

Geskryf deur:
Shane Marquin van Rooyen

ń Ring aan haar vinger, '
n belofte so lief,
so word sy elkedag herinner,
Fluisteringe
van oomblikke so kristalhelder.

Diep in haar oë, bly i heelal
wat nie vertel is nie
Verhale van passie en van geheime vet.
'n Kryger te midde van die geveg wat sy het.
Haar krag lê in elke spoor.
Sy staan hoog,
Bo alles wat na haar aankom

*Ereklere Harte*

En In haar stilte oorwin sy alles.

Die Stille getuie van die lewe se ingewikkelde chaos.
In die dieptes van haar oë, bly 'n heelal ongesiens,
'n Weerspieëling van drome
en van plekke waar sy was.
Elke plooi op haar vel, die uitdrukking van 'n kaart van haar verlede
Herinneringe geëts.

Die stof van haar wese, 'is soos i doek van haar tyd,
Geweef met drade van vreugde
en van misdaad.
In die stilte van haar oomblikke woed 'n storm voort,
'n Stille simfonie , harmonie van veldslae.

Wat gewen was en gegaan het,om haar eie lewe van gevalle te red
Haar lewe is 'n roman ongeskrewe,
'n Siel wat vertroosting soek
'n hart wat diep geslaan is.
Met elke asem wat sy neem begin 'n nuwe hoofstuk,
In die toneel van die lewe,
waar niemand
werklik wen nie.

# Gedig 6

**Wellington deur die oog van ń naald**
Gedig deur :
Shane Marquin van Rooyen

In die skaduwee van Wellington se ou berg pieke,
Waar fluisteringe van tyd
deur die spruite en riete, dwaal soos in ou lirieke
Staan plase , ou geboue en ryke geskiedenis trots, op die voorgrond se lig.
Met velde van goud
en geheime van oud.

Die grond ryk vars,
die gewasse lank,
Wellington se natuur in oorvloed ryk, met die geur van druiwe wat dryp.
Elke dagbreek bring 'n nuwe dag,
Met hoop en drome wat nooit ooit Klag.

## Ereklere Harte

Die berge kyk, stil en groot,
Oor die plekkie van my hart.
Voogde van hierdie vrugbare land.
Die seisoene verander,
in die dorp, se vriendskaplike brander

'n Bewys van harde werk en korrels.
Hande wat werk , tot binne in die kerk
Om hulle families te versorg
En steeds met gelag, wag op die krag van die liewe Vader
Verskillende gelowe maar in een asemrowend.

Skoolkinders wat probeer om die dorp se bestaan te bly hou
Met of sonder skoene omhels hulle tog die liefde en soene.
ń Ywer om te leer terwyl die duiwel wil keer.
Nie maklik nie , maar hulle staan getrou.
Elke moeder doen haar deel om die trots van die dorp deur
die kinders te behou.
Onderwysers hul bes om hulle te leer van die res.
Die vaders stap voor, soos die begeleiding van n koor.
En kyk na die dorp se toekoms daarvoor.

Wie is die hulp wat staan as die borg
In n vrugbare lewenstyl in Wellington se dorp.
Bly ek en jy
en nog plekkie vir n besoeker om te kom woeker.
Met kuns en kultuur,
Die talente is duur elke hand en stem geroep om te versier.
In Wellington se bestaan
deur die oog van n naald.

# Gedig 7

**Koi San Tjênd**

Geskryf deur:

Shane Marquin van Rooyen

Ek is Khoisan
My bloed is dié van kruie
Antieke stories vertel my verhaal
Deur die stof en Karoo bosse
Ouma en oupa, Griekwa-bloed
Afstam van die Koi San groep
Koi San Tjênd

My sterkte is die pyl en boog
en Koker met die spoorsnyer se oog
Met verloop van tyd het ek ontwikkel
Aanpassing by die veranderende wêreld

*Ereklere Harte*

Maar my wortels bly sterk diep gegrond, tussen kruie en danse van prys, rondom die geknetter van die vuur, diep
In die aarde en die hemel

Ek is Khoisan Tjênd
Griekwa en Nama-stam
Verbind met die land se Gam.
Velletjies en manellietjies het my heiligheid bedek
My gees sweef saam hoog met die arende
Terwyl ek die ou paaie loop
Kaalvoet kind
Gelei deur die wysheid van my voorvaders
Ek is trots op wie ek is

Ek is Khoi San Tjênd
Vir ewig getrou aan my erfenis
Omhels die verlede, hede en toekoms
Met 'n hart vol dankbaarheid
Die gawe van my kultuur
Die skoonheid van my land.
Ek is
die Koi San Tjênd.

# Gedig 8

**Onse Taal Monument.**

Geskryf deur:

Shane Marquin van Rooyen

Te midde van die bedrywige dorp se stormloop
Staan 'n betonreus, lank en welig.
Tussen grasperke , berg rotse en denne bome
die prentjie van i waterval
verder teen die walle op.
Damme in die omtes
en werkende manne in die Rondtes

Sy toring reik uit na die hemel lug
met begeleiding van ou eeue siele, terwyl hulle rustig en
stadig verbystap, bietjie styl op teen die berg pad.

*Ereklere Harte*

'n Looppad wat kronkel
van onder na hoog op
na bo, staan sy toring en nooi harte uit na die kop
om die lug saam aan te raak.
Elke stap, elke tree is 'n reis,
elke tree nader aan hom is 'n prys,
Wat opvaar versigtig na die hemelruim
onder langs die taal van die monument beeld, beeld
i tuin van ń skone trotse moeder taal uit.

So, so baie stories
Echo deur die mure, van binne na buite, oud en dapper.
Roep die struktuur Afrikaans as 'n baken van hoop
'n Heiligdom op 'n steil, gedoop.

Kom bietjie hier , besoek my van buite, klim die wandelpad,
en aanskou die uitsig uit my oog.
Ek omhels die skoonheid van die dorp hieronder,
die vrede wat ek bring,
word van binne bewonder,
in die skaduwee van my toring,
waar my siel sing en prys van hoop

Want na my hart loop ń kronkelende wandelpad,
wat lei tot by die piek,
van die Paarl berg pad.
Waar die geheim van my verlede en die toekoms saam praat.
Praatjies en geselsies van geskiedenis trek deur die lug,
soos besoekers klim om te kom kyk na 'n mengsel van ontsag
en hoop.
Elke stap geneem,

## Gedig 8

Bring Ek n seën.
'n Reis deur die tyd,
wat met niks anders kan vergelyk.
Ek is n trotse vent,
noem my sommer
Onse trotse taal
se monument .

# Gedig 9

**Die Hoë Swaai**

Geskryf deur:

Shane Marquin van Rooyen

Ek Swaai hoog,
om aan die hemel te raak,
so grasieus en slinks
bevind ek myself in die speel park,
met 'n houtraam,
waar dinge verdwyn
Sonder om te wonder.
My gedagtes, speel 'n speletjie.
Soos die swaai my stoot.

Met my hare wat dans in die sagte briesie.

## Gedig 9

My oë is toe, en my hart op sy gemak.
Herinneringe oorstroom,
emosies wat styg,
maar ek vind my vrede sonder om te knak.

Die gekraak van die swaai,
die geritsel van blare, langs die skoppelmaai,
word ek gevind op ń rustige plek,
Met troos en gratie.
I swaai, wat glad nie kan praat nie
maar, die houtstruktuur staan so hoog en sterk,

Dit maak ń merk in my gedagte, met myself op die
skoppelmaai,
Mik ek hoog
Om gelukkig te wees met herinneringe, waar ek hoort.
Net soos n kind,

In die grasgebied vind ek my
vrede, in ń park,
waar bekommernisse ophou en nuwe idees opbou.
Want op die hoë swaai,
is waar my probleme weg waai.
En in my hart weet ek,
Dis ń hoë swaai,
Ek Swaai hoog.

# Gedig 10

**'n Vrye gees**

Gedig deur:

Shane Marquin van Rooyen

In 'n land van goue koring het sy gestaan in verward
Met lang hare wat vloei, asof dit van hout gemaak is.

'n Geruite hemp het haar figuur styf omhels,
Haar glimlag blink, o wat 'n gesig!
Om te kyk na die beeld van n brug.
Want sy steek weg die waarheid van haar gedig.
Haar oë het verhale van liefde en wee gehad,
Van plekke waar sy was, mense wat sy geken het.
Maar in hierdie oomblik was alles stil,
Net sy en die hedendaags, op die heuwel van more.
Sal sy Dan haar taak tog vervul.

*Gedig 10*

Die wind het geheime in haar oor gefluister,
van oomblikke van geluk.
van avonture wat wag, so naby elke dag.
Sy kyk na die lewe met 'n wetende kyk,
soos bladsye van 'n boek, wat vooruit stryk, wat wag om deur haar geblaai te word.
Sy is die koningin in die goue koring land, geplant om te groei in alles wat sy wil doen.
In die lewe van n belofte, van gras van goud, O
tog so groen.
n vrye gees,
wild en ongetem.

# Gedig 11

**Kaal voete kind**

Geskryf deur:

Shane Marquin van Rooyen

Tussen die lande en die lang gras
van ń sekere plasie onder die nuwe opkomende generasie,
tussen ou motor bande en huisies wat las en pas,
wat verstrooid lê op die oop velde van die bolandse matras.
Loop ek plat op die aarde want dis waar ek pas.

Langs die hittegolf en warmte van die klippies, en sand
wat my elke dag net druk na die kant van die rand,
soos my voete begin brand.

Skielik dan, kom haal die koue dou my gou, om te voel hoe
ysig die koue weer teen my voete begin druk.

*Gedig 11*

Byt, byt, byt is
die gevoel teen my sagte vinger toppies.
Bibberend en bewend jaag ek gou, om te kom by my plek
waar ek bly as n kind.

Tussen ń ander warme liefde en wind,
het ek kom vind,
soentjies en drukkies en sop met mint.
Tussen die warm liefde is ek
maar net my moeder se,
Kaal voete kind.

# Gedig 12

**Die Sonneblom se Saad**

Geskryf deur:

Shane Marquin van Rooyen

So uniek , is ek gemaak.
Ek leef vanuit die tuin, tot binne in
jou klere kas om jou by tye,
betydig en ontydig te verras.
Ek word genoem, Landbou gewas.

As ek groot word,
met my mooi sonskyn blaar,
voel dit vir my asof ek saam met jou,
die ewigheid kan invaar.
Ek is n juweel op my eie, stralend deur die jare en sy tye.

## Gedig 12

Ek het meer as een talent om te deel, van die oggend tot die aand .
Maar dis nooit te veel.

Van n saad tot n blom, draai my koppie om en om die heeldag rond,
om te tel die dae wat ek bestaan op die grond.
Ek is ook die olie in jou pot, gemaak om jou te kan verspot.

Ek bly uniek , mooi en stralend,
met altyd n glimlag as jy na my kyk.
Ek is nooit te verlaat,
want ek is
van die sonneblom se saad.

# Gedig 13

**Die Stilte**

Geskryf deur:

Shane Marquin van Rooyen

My verlange na jou stem
is soos die stilte in die lang gange.
Kan jy my ooit hoor?
Wanneer ek roep na jou naam.

Die verlange, om jou te sien
breek los en dit ruk soos n riem.

Die stilte kan ek hoor,
maar waar is jy besig om jouself te verloor.

*Gedig 13*

Nou dat ek weet jy is maar altyd daar is, ek meer gerus oor die stilte in my lang gange.
Ek verlang, maar ek is gerus omdat jy tog altyd hier by my is.
Ek weet dit wanneer ek stilletjies begin onderdeur glimlag, dan voel ek die warmte van ń vuurtjie wat prag.

Die getnak tak tak knetter van die vuurtjie, herinner my aan die
maniertjie
hoe jy jou note bespeel op jou ou-ou klaviertjie.

Die geluid van jou bestaan
was die lied wat my nou laat verstaan.

Jy is by my.

Ook in die stilte van die gange, van
die dag breek en die volle maan.

Want in die stilte roep jy op my volle naam.

# Gedig 14

**ń Pleister vir My Wond**

Geskryf deur:

Shane Marquin van Rooyen

Sjoe dis seer, baie baie seer,
diep binne het ek tog probeer.
Dis seer op seer,
wat makeer?
As ek net die pyn van die seer hier binne kan beheer.

Dis vars op die ou wond,
diep binne tot voor my oop mond.
As niemand my kyk val die trane op die oop grond,

Dis seer, het ek dit onder beheer of sal iemand my kom help
om die seer te keer.

*Gedig 14*

Dáár kom Hy nou, al staan soveel ander tou
dis die pleister vir my wond
reg voor my oop mond.
Dankie liewe heer,
dis U wat die seer met die pleister kom keer.

Sjoe,
die seer is weereens gekeer,
met die hulp van My liewe Heer.

# Gedig 15

**Vergifnis as Reën**

Deur: Shane Marquin van Rooyen

In die stil dagbreek van elke dag kies ek om te vergewe, nie 'n geheim nie, maar 'n sluis, 'n verfrissende reën wat my siel voed.

Soos druppels genade saggies val, dans hulle op my vel, die warmte van genesing vloei deur my, 'n rivier wat klippe van wrok wegspoel.

Wanneer ek die gewig van gister se laste loslaat, kom die son helderder in die hemelruim—
op, 'n iriserende herinnering: seëninge is soos blomblare op die briesie, wat altyd oop harte soek.

Saam reis ons deur die bos van die lewe, om mekaar te

## Gedig 15

vergewe is die soetste musiek— 'n melodie wat in harmonie
met ons gedeelde bestaan gesing word.

Laat dit dus reën; laat liefde neerdaal, laat ons voorwerpe van
barmhartigheid en genade wees, soos God deur ons fluister:
vergewe hulle; vergewe jouself—

vergifnis is nie 'n einde nie, maar 'n begin.

En in hierdie heilige siklus van loslaat en vreugde omhels,
vind ons lag skitterend in die hoeke, terwyl ons enkeldiep in
'n tuin waad van hoop.

# Gedig 16

**Die ritme van liefde**

Deur Shane Marquin van Rooyen

In die ritme van liefde is jy my perfekte rympie.

Met oë wat soos sterre in die nag skitter,

Jy verf my wêreld met jou stralende lig. Elke fluister geheim, elke sagte streling,

In jou arms, liewe, vind ek my rus.

Jou glimlag, 'n sonsopkoms, maak my baie siel warm,

In die simfonie van die lewe, saam is ons geheel. Deur seisoene van verandering, in storm en in kalmte,

*Gedig 16*

Jou liefde is my skuiling, my hart se soetste balsem. So hier is
na die oomblikke, beide vlugtig en waar,

In elke hartklop val ek dieper vir jou.

my liefde, vir ewig sal ek wees, 'n reis van vreugde,
net ek en jy.

# Gedig 17

**Sielsgenote liefde**

Ek kyk elke dag na jou

my hart begin beweeg,

Hoe meer ek jou wese sien

hoe meer jy my nader om te bly.

In die ritme van my hartklop

n eggo noem jou naam,

N melodie van verlange, aansteek liefde se soet vlam.

Ons harte pas in fluisteringe, 'n dans van die noodlot en drome,

## Gedig 17

Jou oë onthul 'n geheim, 'n storie wat in nate toegewerk is.

Steeds toegedraai in misterie, bly jou waarheid versteek,

Maar in daardie sagte glimlag het 'n heelal geopenbaar.
Gedrapeer in bloedrooi elegansie, jy dra 'n bekoorlike gedaante,

Elke oomblik tussen ons gehou, 'n skat om te herhaal.

Jou krulle, soos seegolwe, waterval en vloei met genade,

Onbeperk soos die horison, boei jy hierdie ruimte.

In jou helder en blink oë, ongekende verhale saggies skyn,

n Gees kwaai maar sag,
jy is die hart in my droom.

Teen die aardkleurige doek gloei jy met die natuur se lig,

N skoonheid ooit tydloos, my liefde, my siel se vreugde.

Twee siele bestem om te ontmoet, jou hart roep my.

Soos sterre wat in 'n hemelse dans bots,

Ons sal tyd en ruimte deurkruis, gelei deur toeval.

Soos sielsgenote vir mekaar bedoel is, sien jy,

## Ereklere Harte

Deur eggo's van lag, deur fluisteringe van blydskap,

Met elke sagte hartklop, ons geeste verstrengel, In hierdie pragtige reis sal ons harte in lyn kom.

Deur valleie van skaduwees en berge van lig, saam sal ons floreer, omhels deur die nag.

alle vrese verdwyn, Met liefde as ons kompas, sal ons vir ewig bly.

Laat ons dus geduldig wees, laat die noodlot speel

Want die heelal weet ons is bedoel om 'n manier te vind.

Met elke lieflike oomblik sal ons band verfyn,
As sielsgenote sal ons harte vir altyd in lyn wees.

# Gedig 18

**Jy sal vlieg wanneer dit jou tyd is**

Deur Shane Marquin van Rooyen

Tyd om bo jou situasies en omstandighede uit te styg,

Jy sal vlieg
wanneer dit jou tyd is

Tyd om bo jou situasies en omstandighede uit te styg

In 'n wêreld geweef met drade van begeerte,

Jy sal jou vlerke te midde van die moerasse vind,

Soos songesoende blomblare wat swaai en dans, Ontvou skoonheid in elke kans.

*Ereklere Harte*

Met elke struikelblok

met elke val, die lewe is 'n doek—verf dit met jou almal.

N lag in die spieël, omhels wie jy is,

Volwassenheid fluister: "Jy het so ver gekom."
Vier oomblikke, groot en klein,

Vir elke klein triomf vorm 'n volkslied se oproep.

Die skaduwees kan talm, maar hulle kan nie beperk nie;

Jy sal styg soos 'n komeet wanneer dit jou tyd is.

So styg bo probleme, laat bekommernisse kort wees,

Skep jou storie met vreugde as geloof.

Hou vas aan die lag wat jou dag— kleur, want jy is die meesterstuk in hierdie groot ballet

Jy sal vlieg,

As dit jou tyd is, sal jy vlieg.

# Gedig 19

**Die Eggo van Jou Afwesigheid**

Deur

Shane Marquin van Rooyen

Ek is omring deur die stilte,

die stilte, my gedagtes roep uit na jou,
My hart drup trane van verlange,

jy flikker soos kerslig, een oomblik hier, dan nie jy nie, jy geweef in skaduwees—

Die fluistering van wat net so was

Soveel onuitgesproke gelaat

## Ereklere Harte

die tapisserie van ons dae hang los, drade ontrafel,

jou stem nou 'n spookagtige eggo, 'n stoel wat net lug wieg.

Ek dwaal deur kamers dik van geheue, waar lag eens in hoeke gedans het, en die stilte sing harder as woorde.

'n Nalatenskap in leë ruimtes— hoe delikaat jou afwesigheid voel.

Maar binne hierdie pyn groei 'n tuin; elke herinnering blom helder teen so ń bejammernis

Ek hou jou naby tussen my hart se skatte en leer steeds uit jou lig.

Sal ek jou ooit 'n laaste keer hoor?

Die vraag krul om my soos mis; tog is daar warmte in hierdie hartseer,

Jou trots 'n sagte kombers wat om my skouers gedraai is, wat my deur die wanorde stoot.

Om die liefde wat ons gedeel het, te vier, selfs al maak dit seer soos waarheid onthul—

Ek sal jou saam met my dra, ewig lewendig, terwyl ek na môre se dagbreek stap.

# Gedig 20

**Die Roos en die Hart**
Geskryf deur
Shane Marquin van Rooyen

Die sonlig blink, maar jy staan uit soos 'n roos, weef drome.

Te midde van die madeliefies, helder en dapper, Jou skoonheid gefluister verhale in my hart,

Met blomblare sag soos oggenddou, wag 'n Sagte hart weggesteek uit die oog.

Onder jou sjarme, 'n vuur brand,

'n Dans van passie in die skaduwees van die nagte.

O wonderlike blom

## Ereklere Harte

met skaars kleure,

Elke blik op jou trek my tot wanhoop.

Jou dorings kan in speelse grap deurboor,
Maar waak 'n sagtheid waarvan ek die beste hou.

Ek het jou vorm op papier dun opgespoor

Ek weet nie wanneer liefde kan begin nie.

In elke blomblaar wat versigtig getrek is, het ek gevoel hoe jou gees daar vertoef.

Al is woorde skaars

en stilte lank,

In stil oomblikke sing my hart sterk.

Liewe roos van my, praat met my helder—

Voel jy dat hierdie liefde die nag aan die brand steek?

Deel dus met my jou geurige sug,

Laat ons siele draai.
Want in hierdie tuin waar drome vlug,

Jy is my roos, my pure vreugde.
Ek is jou hart, jou lewenslyn helder.

# Gedig 21

**Portret van Liefde**

Deur:
Shane Marquin van Rooyen

n Hart wat in sagte oë geopenbaar word

Waar sagte lag nooit sterf nie.

Met elke oogopslag, 'n warmte so diep

'n Belofte gemaak, 'n gelofte om na te kom.

In sagte lyne eggo liefde se eggo rus,

'n Stille klop binne die bors.

Die wêreld kan verander, maar hier is nog

*Ereklere Harte*

Die stil krag liefde se siel bevat.

Elke glimlag 'n lig,

elkeen kyk na 'n vonk,

'n Vlam wat in die donker gloei.

Liefde talm, suiwer, vir ewig nuwe—
In elke kyk,

dit skyn deur.

# Gedig 22

**Merk van geloof**
Deur
Shane Marquin van Rooyen

Op my vel,

n visie suiwer,

'n Kruis wag in fluisterings sag,

N draad van hoop wat ek sal verseker

'n Stille krag wanneer die lewe omhoog is.

Ligte melkerige doek, onaangeraak en helder, Tog smag na betekenis,

n verhaal om te vertel

*Ereklere Harte*

In ink sal dit blom, in skaduwee en lig,

My hart se eie storie is so goed geskryf.

Met elke reël, 'n gebed verstrengel,

In oomblikke verlore en weer gevind;

'n Brug na verlede is verweef,

Die gewig van hartseer het verander om op te tel.

Om my geloof as tweede vel te dra,

Om die heilige met elke oogopslag aan te raak;

Herinner my liggies van binne—

Daardie lewe is 'n reis—

heilige dans.

Laat die naald my pleidooi volg,

Onthoring vlees waar drome woon;

Hierdie klein kruis sal my vry— stel

Die bewys van liefde en trots.

# Gedig 23

**ń Bondeltjie Vreugde**

Deur
Shane Marquin van Rooyen

In die sagte gloed van oggendlig, Soveel vreugde, 'n pure vreugde,

'n Klein babaseuntjie, soet en klein,
Bring lag, liefde en hoop vir almal.

Met klein vingers gryp jy ons harte, 'n kosbare vonk waar geluk begin,

Jou giggel dans soos die sagste liedjie, In jou warm teenwoordigheid behoort ons almal.

Elke kyk en glimlag, 'n skat liewe kleintjie, Fluister drome,

*Ereklere Harte*

In jou oë, die heelal sien ons, 'n wêreld van wonder, wild en vry.

So, kleintjie, soos jy saggies speel,

Weet dat vreugde in jou vir ewig sal bly, Met elke hartklop, met elke sug, Jy is ons liefde—
ons rede om te lewe.

*Gedig 24*

**n Koningin-voorkoms**

Deur
Shane Marquin van Rooyen

Die koningin regeer

beide nederig maar dapper.

Haar hart, 'n vesting, fel en vry,

Om haar begeertes te ken asof dit die sleutel is.

Eens bedees, nou moedig, staan sy hoog,

'n Held in eie reg, wat die lewe se oproep beantwoord.

Sy dra laste, swaar en diep

*Ereklere Harte*

Tog huil haar gees nooit nie.

Die rok wat sy dra, is 'n simbool van haar reis,

dit het so helder soos haar gees geskitter

herinner almal aan die skoonheid wat in beide stof en hart gevind word.

Waar elegansie en genade in lyn is,

Die stof fluister, lig en waar,

'n Stil skoonheid, naby goddelik.

Kristalle skitter in aand se gloed,

Wenke van misterie, sag en fyn,

N sagte kurwe, soos riviere vloei,

Bewerk krag, in stille teken.

Elke vou, elke draad, suiwer en skoon,

In skoonheid se warmte, vir ewig warm.

Met liefde en wysheid deel sy haar skat,

In elke oomblik, maak nie saak die maatstaf nie.

## Gedig 24

Nie elke dag skyn helder en duidelik nie
Sy laat dit jaar na jaar werk.

Op haar kop rus 'n kroon so groot,

Donkerbruin krulle kaskade soos sandkorrels.

Tussen die stringe, wysheid skyn,

Ouderdom versier met diamante en robyne, soos drome.

Haar oë hou stories, geheime onverteld,

Van pyn, stryd en gevegte geveg en dapper.

Maar deur dit alles bly sy standvastig

'n Koningin wat oorwin, vir altyd 'n groot.

# Gedig 25

**Erekleure Harte**

Geskryf deur:
Shane Marquin van Rooyen

In die hart van die baadjie wat ek dra,
blink 'n kenteken helder,
'n Simbool van moed,
'n baken van lig.
Gebosseleer met eer,
gestik met trots,
Dit vertel 'n storie, nie maklik om weg te steek,

Maar op sy rug woon 'n ander kenteken,
Versteek vanuit die oog, waar geheime bly.
merk van pyn, 'n litteken van die verlede,
'n Herinnering aan gevegte wat vir ewig duur.

## Gedig 25

Twee kentekens, twee verhale, in draad geweef,
Een van dapperheid,
een van vrees.
Saam vorm hulle 'n komplekse ontwerp
'n Jukstaposisie van sterkte en afname.
So lyk ons baadjies almal dieselfde, net die stories verskil.

Dra dus jou baadjie met albei kentekens in sig,
Want hulle verteenwoordig jou reis, jou stryd.
Omhels die dualiteit, die hoogtepunte en laagtepunte,
Want in hul kontras wys ware karakter.

Van die golwende heuwels tot by die suidpunt,
Ons staan saam, '
n trotse Suid-Afrikaanse greep.
Met harte vol eer en trots
Ons dra ons kleure langs mekaar.

In eenheid vind ons ons krag,
Deur stryd en oorwinnings, te eniger tyd.
Van Kaapstad na die Boland-vlaktes
Ons gees verenig, deur vreugdes en pyne.

Ons is uiteenlopend, maar ons is een, maar
Onder die helder Afrika-son.
Met moed en hoop staan ons elke dag voor,
Saam staan ons, kom wat kan.

Laat ons dus ons erfenis met sorg omhels,
En streef daarna om vriendelik, eerlik en regverdig te wees.
Want in ons verskille vind ons ons mag,

*Ereklere Harte*

As Suid-Afrikaners skyn ons so helder.

'n Herinnering aan gevegte wat in reguit lyne geveg is.
Elke draad 'n geheue, elke steek 'n geveg,
In die duisternis van die dag en die skaduwees van die nag.

Die baadjie fluister stories onvertelde,
Van oorwinnings gewen en harte wat hou,
Die gewig van die wêreld, die las van trots,
In elke naat, 'n held se stap.

So dra dit met eer, dra dit met genade,
Hierdie baadjie van kentekens, hierdie heilige ruimte.
Want in sy vesels, die gees van die dapper,
Veraltyd leef jy voort, in elke kenteken gegraveer.

In die tuin sal plante groei,
Met sonlig en water sal hulle sekerlik wys.
Erekleure harte, 'n naam so skaars,
Maar met liefde en sorg sal dit met saam floreer.

# Gedig 26

**Die Reis van 'n Brose Hart**

Deur,
Shane Marquin Van Rooyen

Soos enige ander seun op ses,
dans ek met die reuse in my kop,
Probeer ek reeds die sterre in die hemelruim najaag,

My glimlag en gelag was my wapenrusting en die hoop was my lig. Maar skaduwees dring aan terwyl hulle stilweg kruip, en fluisteringe van twyfel dring visioene van slaap binne.

In die spieël, refleksies van wie ek kon wees, Tog verstrengel in tydlyne wat skaars los.

Elke stap op my pad geëts met hartseer en twis, deurspek met keuses wat soos 'n mes sny.

## *Ereklere Harte*

My vriende het na eggo's gewend.
Soos wind wat waai, maar nêrens gesien kan word,
My drome in stof,
my wêreld eens so lewendig,
Skielik gevul met wantroue.

'n Gat in my gees het begin posvat, toe onskuld vervaag het na
stories wat nooit vertel is nie.
Ek het deur winters en somers rondgedwaal, opsoek na die
waarheid van my bestaan,
wat die son ingesluk het,
en wens troos toe alle hoop gedoen is.
Tog is diep in my bors die pols van die vlam wat brand,
ń Pyn wat voel asof dit nooit sal,
Verdwyn

'n Flikkering van moed het steeds my naam gefluister deur
stegies van verlies en valleie van pyn.

Ek het uit die duisternis opgeklim en geleer hoe om te regeer.
My lewe te begin beheer,
Buiten elke traan lê 'n les so dierbaar, Om uit die as op te
staan is om vrees te oorwin.
Vir my,

Terug by die huis na myself waar aanvaarding kan begin,
het ek elke wond met die draad van Sy hart beging stik.

Nou ,
staan ek teen dagbreek met horisonne ontvou,
ek skilder my lewe met veerkragtigheid,

## *Gedig 26*

'n nuwe littekens wêreld,
met letsels van die verlede en hoop op ń beter toekoms.
Ek het ń nuwe begin.

Want al was ek verlore,
een keer te midde van ń hol gehuil,
Binne in my hart,
het die seun wat gebreek was,
Ek,
uiteindelik geleer hoe om weer op te staan.

# Gedig 27

**n Vrye gees**

Geskryf Deur
Shane Marquin van Rooyen

In 'n land van goue koring het sy gestaan, in verward
Met lang hare wat vloei, asof dit van hout gemaak is.

'n Geruite hemp het haar figuur styf omhels,
Haar glimlag blink, o wat 'n gesig!
Om te kyk na die beeld van n brug.
Want sy steek weg die waarheid van haar gedig.
Haar oë het verhale van liefde en wee gehad,
Van plekke waar sy was, mense wat sy geken het.
Maar in hierdie oomblik was alles stil,
Net sy en die hedendaags, op die heuwel van more.
Sal sy Dan haar taak tog vervul.

*Gedig 27*

Die wind het geheime in haar oor gefluister,
Van oomblikke van geluk.
Van avonture wat wag, so naby elkedag.
Sy kyk na die lewe met 'n wetende kyk,
Soos bladsye van 'n boek, wat vooruit stryk, wat wag om deur haar geblaai te word.
Sy is die koningin in die goue koring land, geplant om te groei
In alles wat sy wil doen
In die lewe van n belofte, van gras van goud, O
Tog so groen.
'n Vrye gees, wild en ongetem.

# Gedig 28

**Simbool van Krag**

Deur
Shane Marquin van Rooyen

In 'n wêreld van torings en dapper klippe,
Staan 'n vrou in rooi, haar gees onvertelde.
Met 'n glimlag wat skyn soos die oggendson,
Haar teenwoordigheid straal, 'n stryd gewen.

Haar hand rus sag op haar krom heup,
'n Simbool van sterkte, 'n selfversekerde greep.
Tussen die klippe staan sy trots en hoog,
Haar essensie 'n fluistering, tog so hoog.

Elke klip 'n uitdaging, elke rots 'n toets,
Maar sy staan onwrikbaar, in haar rooi rok.
'n Baken van hoop in 'n ruwe land,

## Gedig 28

Haar glimlag 'n herinnering, die lewe is nie altyd vaal.

Laat haar 'n les wees, in moed en genade,
'n Simbool van krag in 'n wilde, ongetemde plek.
Want in die aangesig van hindernisse, groot of klein,
Wys sy ons almal, ons kan hulle oorwin.

# Gedig 29

**Die storm van die hart**
Geskryf deur
Shane Marquin van Rooyen

In dae wat verby is, het ek jou lig gesoek,

Tog het skaduwees geval, en harte het gevlug.

Jy draai weg, met woede in jou oë

'n Stil storm onder die lug.

Maar tyd, soos riviere, vloei en buig,

En harte sodra dit gebreek is, kan regmaak.

Met 'n hart wat nou oop is, het jy na my teruggekeer,

## Gedig 29

Ons gevoelens het verdiep, soos wortels van 'n boom.

Alhoewel herinneringe voortduur, beide soet en eg,

Ek hou die hoop dat die tyd sal genees.

Jy droom van rykdom, van vertroosting onvertel,

n Huis, 'n motor, in 'n lewe van goud.

Maar weet, my liefde, soos oomblikke ontvou,

Ek streef na 'n toekoms waar drome dapper is.

So koester my hart, laat jou liefde vlug,

In hierdie reis van ons sal ons ons lig vind.

Hou net vas, laat jou gevoelens vloei,

In ons gedeelde omhelsing, kyk hoe ons liefde groei.

Moenie wegsteek nie, laat jou hart gesien word,

In die tapisserie van ons, weef wat kan wees.

Ek droom groot en jy is deel van die plan

Saam sal ons opstaan, hand aan hand.

# Gedig 30

**Die koudste plek om te wees**
Geskryf deur
Shane Marquin van Rooyen

In skaduwees diep,
Ek kan nog steeds nie glo nie

Jy is weg, my liefde, my vriend my alles wat ek gehad het en ek treur,

Saam het ons gedroom van ewig se omhelsing,

Nou bly stilte in die leë ruimte.

Ons het gelag, oomblikke so helder, gedeel

Pragtige dae het in die nag verander

## Gedig 30

Elke herinnering 'n skat wat naby my hart gehou word

Alhoewel jy vertrek het, is ons nooit uitmekaar nie.

Jy was deel van my wêreld, my leidende lig,

Nou is jy 'n ster in die fluweelaand,

Te gou geword, 'n fluistering van die noodlot

Maar die liefde duur, dit sal nie afneem nie.

Ek sal jou baie mis, soos ons almal sal doen

Maar weet, my skat, my hart klop vir jou,

Woorde mag wankel, en trane kan vloei,

Tog skyn hoop helder, in die liefde wat ons albei ken.

Rus in vrede, waar jy ook al rondloop

In ons harte sal jy altyd tuis wees

En al deel ons in hierdie aardse sfeer,

Ek hou jou naby, vir ewig naby.

# Gedig 31

**My ongesiene engelbrief**
Geskryf deur
Shane Marquin van Rooyen

'n Ongesiene engel, kalm en duidelik.

Alhoewel oë kan soek en vind my nie,

Ek lei jou stappe, ek hou jou gedagtes.

Dag en nag kyk ek met trots

Elke oomblik, reg langs jou kant.

Voel my teenwoordigheid, sag en lig,

In gefluister drome deel ek jou vlug.

## Gedig 31

Van hoogtes bo sien ek jou skyn,

Deur proewe wat in die gesig gestaar word, is jou krag goddelik.

Druk deur die wolke, soek die gloed, soek die gloed

Die lig wat jy soek, is hier, jy weet.

Nie in vorms wat jy eens geken het nie

Ek lei jou hart, ek is altyd waar.

Hou my naby, binne jou siel,

In liefde se omhelsing sal ons altyd heel wees.

Hartseer kan besoek, 'n vlugtige gas,

Moenie bekommerd wees nie, want jy is regtig geseënd.

Ek is hier om jou te help om jou pad te vind

Aan lag, liefde, waar vreugdes sal bly.

In gebiede van vrede, waar hartseer ophou,

Ek is verlief, in eindelose vrede.

Bly naby aan my, waar jy ook al rondloop

*Ereklere Harte*

In elke hartklop is jy nie alleen nie.

Ek is baie lief vir jou, hierdie waarheid wat ek deel, en

'n Ewige band, verder vergelyk.

So voel my naby, laat jou gees sweef,

Saam floreer ons, vir ewig.

# Gedig 32

**Sterker saam**
Geskryf deur
Shane Marquin van Rooyen

In harmonie vind ons ons manier,

Kom saam wat kan.

Ek het jou nodig, en jy het my nodig

In God se groot tapisserie.

Staan by my, laat harte in lyn kom,

In eenheid skyn ons geeste.

Elkeen moet vervul word, 'n heilige oproep,

## Ereklere Harte

Want in sy liefde staan ons op, ons val.

Jy is belangrik, 'n kosbare deel,

n draad wat in my hart geweef is.

Om te oorleef, het ek jou nodig

In elke vreugde, in elke traan.

Kyk rond, laat stemme styg,

Deel met ander, hoor hulle sug.

Sterk, sterker, hand aan hand

In geloof neem ons ons standpunt in.

Waar twee of drie in konkord ontmoet,

God woon onder ons, rein en soet.

In hierdie band vind ons ons genade, in ń liefdevolle wêreld, 'n warm omhelsing.

# Gedig 33

**Sing 'n liedjie**
Deur
Shane Marquin van Rooyen

Waar lewendige groente dans in die warm, geurige lug,

Stoot sy, vol vreugde, met 'n melodie helder,

Sing 'n verjaardagliedjie, 'n pure plesier.

Gedrapeer in 'n geel lei, 'n stralende gesig,

Haar blomrok wieg in die sagte, sagte lig.

'n Dankbarelied aan haar tante, die skoonheid rondom,

'n Serenade-soet, waar liefde gevind kon word.

## Ereklere Harte

Terwyl sy sing, met 'n hart vol genade,

Die vang van haar magie in tyd en plek,

Onder vriende en familie het sy gelag geblom,

In hierdie paradystuin het vreugde die kamer gevul.

Die blare geritsel saggies, die tuin het gehoor,

Elke noot van haar liedjie, 'n opregte gejuig.

Saam het hulle bymekaargekom, hulle geeste verstrengel,

In liefde, vrede en vreugde het hulle harte verweef.

Om die swembad, waar geluk vloei,

Te midde van haar engelestem groei die liefde.

n Pragtige oomblik, gebed vir die dag

In die hart van die tuin, waar drome kom speel.

# Gedig 34

**Polka dot blou**
Deur:
Shane Marquin van Rooyen

Sy vind haar genade.

'n Sagte briesie dans,

Terwyl sy aan haar yskoffie teug, geniet sy die dag.

Polka Dot blou,
Haar hare is 'n warm mengsel van bruin en rooi,

Agter haar bril, waar drome gevoer word.

Sy kyk na die wêreld,
terwyl dit gly, verby,

## Ereklere Harte

In hierdie oomblik van eensaamheid leer sy om te vlieg.

n Glimlag so helder, 'n baken van vrolikheid,

Geluk bloei, straal naby uit.

Geen kinders se lag nie, net vrede in haar gedagtes,

Die gebrom van die stad,
sy ritme vervleg.

Ontspan in 'n stoel van ligbruin kleur,
Polka Dot blou,
Sy koester in die liefde wat sy weet waar is.

Haar melkerige bene gekruis,
'n houding so verfynd,
In die hoop dat die regte siel binnekort in lyn kan wees.

ń Skoonheid so liefdevol, uniek soos 'n ster,
Met 'n hart vol vriendelikheid skyn sy van ver af.

Te midde van die helder ligte wat flikker en opvlam,
Polka Dot blou,
Sy is nie verlore nie, want haar gees is oral,
rein en waar.

# Gedig 35

**Gebreek om Geheel te wees**
n Gedig geskryf deur
Shane Marquin van Rooyen

ń Gebreekte stuk, 'n hart in nood.
'n Leë vaartuig, verlore op see,
Foute wat ek gemaak het, o, wee is ek.

Met swaar hart het ek weggejaag,
'n Lewe wat eens helder was, het nou verdwaal.

Aan wolwe het ek my drome en vrese gegee
Maar deur die duisternis het ek my trane gestort.

Trots, 'n pion in 'n wrede spel,

Leuens van die wêreld het my skaamte aangesteek.

## Ereklere Harte

Maar deur die twis, die pyn, die nag,

Ek het my vrede, my innerlike lig gevind.

My Verlosser leef, met liefde so waar,

In sy omhelsing word ek opnuut gebore.

Vry van die fluisteringe wat soos 'n mes gesteek het

Ek staan uit die as op en herwin my lewe.

Eenmaal het ek gesê ek is nie genoeg om te wees nie

Nou sien ek in sy oë, ek is meer as vry.

Littekens wat ek dra, is kentekens van genade,

Ek staan trots en sterk in hierdie heilige ruimte.

Want ek is meer as genoeg, sê ek,

In die arms van my Skepper vul liefde die lug.

Met elke hartklop weet ek dit is waar,

Ek is gekoester, ek is heel,
Ek is hernu.

# Gedig 36

**Genesende Gedig**
Geskryf deur
Shane Marquin van Rooyen

Met elke asem, 'n sagte transend,

Genesing stadig, maar genees waar,

'n Reis geneem, gelei deur.

Met oop hande soek ek die lig,

In fluister gebede wat die nag jaag,

Want in my swakheid word krag gevind,

'n Heilige genade wat geen gebonde ken nie.

*Ereklere Harte*

Sy liefde, 'n balsem vir elke litteken,

n sagte fluistering van ver af

Alhoewel proewe die moeë siel kan toets,

Met geloof in Hom voel ek heel gemaak.

Laat die riviere van hoop vloei

Deur valleie laag en pieke aglow,

Want ek kan opstaan, alhoewel gekneus en gedruk,

In God se omhelsing vind ek my rus.

# Gedig 37

## Die positiewe noot

Deur
Shane Marquin van Rooyen

In fluistering sag, het 'n stem gesê,

"Droom groot, laat hoop jou pad verlig.

Bly positief, laat jou gees styg,

Werk hard, omhels wat die lewe in die winkel het."

Deur proewe wat in die gesig gestaar word, het ek opnuut gegroei

Met elke stap het my krag deurgebreek.

## Ereklere Harte

Ek staan vandag, beide dapper en vry,

Nie waar ek wil nie, maar waar ek wil wees.

Met vreugde trap ek hierdie kronkelende pad,

Elke oomblik gekoester, elke droom geskenk.

Ek is nou beter, met 'n hart, pyn

Sterker, gelukkiger, in die lig wat ek groei.

So hier staan ek, met geloof hernu,

In elke uitdaging vind ek my bui.

Alhoewel dit nog ver is, kan my doelwitte lyk,

Ek koester die reis, ek durf droom.

Bly positief, laat jou hart vlug,

Want in die skaduwees skyn daar 'n lig.

Met drome om te jaag en hoop in sig,

Omhels die reis, laat jou gees ontbrand.

## Gedig 38

**Onafhanklike**
Deur
Shane Marquin van Rooyen

Onafhanklike,
Ek is
in vrede binne,
in hierdie sagte ruimte.

Onafhanklike gees, sterk en vry,
Dit is die kern van wie ek is.
Deur lesse wat geleer is,
beide hard en waar,

Ek het die pad geloop, en ek het opnuut gegroei.
Alhoewel ek seergemaak was, soos skaduwees wat gegooi word,

## Ereklere Harte

Ek het wysheid versamel, my hart is standvastig.
Met vriende en familie kies ek my pad,
In vreugde en vreugde begin my vreugde.
ń Pragtige bord kos, 'n eenvoudige plesier

In elke gedeelde oomblik neem my siel vlug.
So hier staan ek, in hierdie lewendige gloed,
Omhels die reis, waar dit ook al gaan.

Gelukkig en heel, ek dans deur die dag,
In die warmte van my hart, vind ek my pad.

# Gedig 39

**Skoenlapper sjarme**
Deur
Shane Marquin van Rooyen

Fluister van die lewe, waar drome begin.
Op die arm van 'n meisie, my gees neem vlug,

'n Skoenlapper se grasie, in die sagte oggendlig.
Elke oomblik geniet ek, 'n skat van vreugde,

Vreugde, vryheid en verandering, in harmonie se boemel.
Geskryf in briesies, 'n verhaal om te ontvou,
Van deursettingsvermoë gefluister, van stories oorvertel.

Om haar arm te versier, bring ek die sjarme voort
'n Herinnering aan magie, 'n towerspreuk om te ontwapen.
Geklee vir sukses, skyn sy soos 'n ster,

*Ereklere Harte*

Haar gloed is 'n baken, maak nie saak hoe ver nie.
In lewendige skakerings blom, soos blomme in die lente,
Met netjiese, vloeiende lokke neem haar lag vlerk.

Saam dans ons, in hierdie tapisserie gespin,
'n Viering van die lewe, twee geeste as een.

# Gedig 40

**Vreesvol maar wonderlik**
Deur
Shane Marquin van Rooyen

In stilte staan ek voor sy genade,
In Sy teenwoordigheid soek ek sy gesig,
Om ten volle te weet, Hy is God van bo,

In die stilte vind ek my liefde.
Op die Woord is my hart gebou,

ń Heilige vertroue, geen skuldgevoelens nie
"Vertroue in die HERE," sê die fluisteringe,

"Leun nie op jou eie nie, maar loop op my pad."
Op elke pad lig ek Hom hoog op
Erken Hom, en ek sal vlieg

## Ereklere Harte

Die kruis, my baken, my eerste omhelsing,
In Hom vind ek my rusplek.
Dit is my waarheid, my hart se refrein,

In geloof en liefde breek ek alle kettings,
Want in sy lig sien ek dit werklik

Dit is wie ek is en ek is vry.

## Gedig 41

**Joslin se Liefde**
Geskryf deur Shane Marquin van Rooyen

**Joslin se Liefde**
Aan ons klein groenoog kind,

Ek skryf hierdie woorde, sag en sag,
Om jou te laat weet ons is ooit naby
In elke gedagte, in elke traan.
Jy word nie vergeet nie, jy sal nooit wees nie

In gees staan ons, verenig en vry.
Ons bid bedags, ons bid in die nag
Vir jou terugkeer, vir jou leidende lig.
Joslin Smith, jou naam wat ons noem,
Echo deur die heelal, raak almal.
Jy het 'n merk op harte so wyd gelaat,
Jou skielike afwesigheid, 'n pynlike gety.

## Ereklere Harte

U ,O God het ons laag gebring, ons laat glo
In liefde en hoop het ons geleer om te treur.
Met wagters terug op die mure

Jy het geeste opgehef, oproepe beantwoord.
Berge het beweeg en water het gebuig,
Soos jou naam weerklink, fel en trots.

Alhoewel jy kan dwaal, verlore van sig,
'n Nasie bid en hou jou styf vas.
Deur jou stilte het lesse geblom,
In eenheid en liefde het ons harte hervat.

Jy het oë oopgemaak, die vlam aangesteek
Elke kind kan dus veilig voel, terugeis.
So hier skryf ek, met liefde diep,
Om jou te herinner, liewe kind, is ons nog steeds daar.

In elke gebed, in elke woord,
Joslin Smith jy sal altyd wees.

Ons groen oog meisie,
Een van ons eie.

*Gedig 42*

**Nooit Regverdig nie**
Geskryf deur
Shane Marquin van Rooyen

Jy vra om vergifnis, maar dit is nie dieselfde nie.

Jy pleit vir my begrip, 'n hart geskeur in twee,

Tog staan ek hier 'n dwaas en glo in jou.

Hoe diep is die wond wanneer vertroue verraai word?

Ek het gedink ek is joune, nou is my gees ontsteld.

Jy het met my hart gespeel, soos 'n speelding op 'n tou,

Terwyl ek jou alles gegee het, het jy alles gevat.

## Ereklere Harte

Dit is te laat om te herstel wat ons eens so dierbaar gehou het

My gedagtes is vertroebel van twyfel, verdrink in vrees.

Alhoewel afskeid swaar voel, weet ek dit is die manier,

Vir liefde wat onwaar is, laat 'n hart ontsteld.

Tog, onder al die woede, bly 'n flikker oor

'n Liefde wat eens gefloreer het, het nou in kettings verstrengel.

Ek wil eerder enkel wees as om in wanhoop te leef,

Alhoewel ek steeds die pyn voel, is dit net nie regverdig nie.

Dit was nie nodig om my te gebruik nie, geen behoefte aan die leuens nie

As ek aan ons oomblikke dink, bring hulle net krete.

Gek soos dit lyk, hou my hart steeds vas,

Hoop julle sal die een wees, maar nou is julle almal weg.

Dit is te laat om dit uit te werk, ek weet dit is waar,

My hart is gevul met twyfel, maar my gedagtes bly oor jou.

So hier staan ek, moeg, met liefde in toevlug,

*Gedig 42*

Die keuse van eensaamheid se pad, alhoewel dit bittersoet voel.

# *Gedig 43*

**Gemaakte**
Deur
Shane Marquin van Rooyen

Ink geëts diep, 'n yin-yang dans,
Op haar vel, van balans en toeval.
Fluisteringe van harmonie,
lig en donker versnit,
Oneindige siklusse ,
wat nooit werklik eindig nie.
'n Siel ontbloot,
haar storie onverteld,

In elke kromme, 'n raaisel om te aanskou.
Agter geslote oë ontvou 'n wêreld,
Waar skaduwees dans en drome dwarrel.
n verhaal ontvou,

## Gedig 43

Die kat en 'n vis wat op haar liggaam gemaak is
Die vis swem,
die kat loop,
Hulle dans van balans, hulle ewige geloftes.
ń Herinnering geëts in die ink en pyn,
natuur se siklus,
sy ritmiese refrein.

# Gedig 44

**Hierdie Kersfees gee ek jou my hart.**

Geskryf deur
Shane Marquin van Rooyen

Kerstyd sonder 'n paar geliefdes wat langs die pad verloor is,
Ons omhels hierdie keer en hou aan herinneringe wat bly.
Deur die lag
en vreugde
vind ons vrede in ons harte,
Weet,
dat hulle van ver af,
oor ons waak.

Alhoewel hulle dalk weg is, leef hul gees voort,
In elke flikkerende lig,
in elke Kersliedjie.
Ons hou hulle naby in ons gedagtes en in ons gebede,

## Gedig 44

Hulle liefde lei ons deur die vakansie-aangeleenthede.

Soos ons saam met familie en vriende naby kom,
Ons koester die oomblikke en hou hulle dierbaar.
Want in hul afwesigheid voel ons hul teenwoordigheid sterk,
Hulle liefde omring ons, soos 'n vertroostende liedjie.

Laat ons die lig wees vir diegene wat verlore is
Begeleiding deur die duisternis, ongeag die koste.
Mag ons liefde helder skyn, verlig die pad,
Hulle kan dus hierdie Kersdag vrede en vreugde vind.

Soos ons verlief raak, laat ons voetspore waar wees,
Lei die weg vir nuwe generasies.
Vir ons kinders en hulle kinders, mag hulle sien,
Die liefde en lig wat ons dra, skyn helder.

So laat ons hierdie Kerstyd omhels met moed,
Ons weet dat ons geliefdes altyd naby is.
Deur geloof in ons Here vind ons vertroosting en genade
Om die liefde te omhels wat die tyd nie kan uitvee nie.

# Gedig 45

**ń Raaf se oproep**

Deur
Shane Marquin van Rooyen


Sy staan alleen en lank, kyk oor haar kraaie vlerk, so braaf.
Sy is geklee,
in sagte swart linne vere,
oë knip op 'n gloeiende skerm,
in haar kop, waar skaduwees speel en geheime asemhaal.

Haar verlede weef 'n vesting hoë—-gedagtes op soos
fluisteringe in die nag,
fragmente van drome wat in die digitale skemer verlore
geraak het, wat nog in hierdie elektriese gloed gevind is.

Haar siel dans tussen die kettings— onsigbare drade,

*Gedig 45*

beide styf en slap—
die sirene liedjie van haar eie ontwerp.
Raaf vrou gehul in duisternis,
haar teenwoordigheid is 'n sagte omhelsing van nag;
binne eensaamheid blomme van grane—
elke asemteug 'n geheim wat met die sterre gedeel word.

Melkvel wat deur haar vere van haar swart baarmoeder blink,
wieg soos die hart van die aarde,
'n diamantring wat aan haar linker klou— glinster,
'n simbool wat uit stille gevegte gesmee is.

Behalwe vir haar lê 'n beursie drome, fluisteringe wat
ongesiens in drade geweef is;
avonture wink van verbleikte bladsye af en wag vir ink om
hul polsslag wakker te maak.

Haar vingers tik ritmes en rympies uit,
maak wêrelde waar sy dit waag om te dans.

In die stilte van die nag skep sy— 'n simfonie eggo deur leë
sale;
die Raaf in swart—a-raaisel lewe— met elke toetsaanslag stel
sy haar gees vry.
'n Oproep om sukses te behaal in wat sy in die lewe wil hê.

# Gedig 46

**ń Liefde so helder**
Deur
Shane Marquin van Rooyen

Ek ken die fluisteringe van jou hart,

Die ritme eggo van ver af.

Ek het gedink liefde is maar net 'n droom,

'n Vlugtige verhaal onder 'n stêr.

Tot die eerste dag,
so soet, so goed

En elke glimlag wat die nag verlig het,

## Gedig 46

As jy tyd kry om weer te loop,
dan is dit tyd om te loop

Ek sal nie een verander nie,
want dit voel reg.

Nou ontvou die lewe in lewendige skakerings,

Met skoonheidsdans in die lug,
In oomblikke skaars, mis ons dikwels,
Liefde openbaar die wêreld se verrassing.

Jy word wakker om te vind, soos dagbreek duidelik word.

Dit is skielik dat jou hart in vlug is,

In elke oogopslag ontbrand 'n vonk,

En in daardie liefde voel die wêreld helder.

# Gedig 47

**Die Chrome-effek**

Geskryf deur
Shane Marquin van Rooyen

Te midde van blink chroom en stedelike lig,
Staan ń dame alleen,
haar gees gloei,
'n figuur so helder.
ń Rok soos silwer, druk kurwes vet en waar,
haar vertroue skyn, soos die oggend se dou.

Sy is gereed en stralend,
krag in haar houding,
'n Vrou van mag, wat elke blik besit.

Met grasie en styl loop sy in haar eie baan,
Elke stap wat sy neem,

## Gedig 47

Is 'n merk wat sy sal onderhou.

Hakke weerspieël die stad se ambisieuse oproep,
Sy is gebou vir die oomblik, sy staan hoog.
Elegansie en krag versnit in haar swaai,
'n Tydlose skoonheid,
Sy skyn elke dag.

# Gedig 48

**Dame van die nag**
Deur
Shane Marquin van Rooyen

Geklee in silwer metaal kant.
Hoë hakke op haar voete,
wat haar dapper laat voel,
Sy weet sy gaan die aand besit,
sy weet sy gaan vashou.
Haar borskas is volledig gevorm, rond en trots,
In die silwer rok is hulle die skare.

Donkerbruin rooi hare wat in die wind speel,
Haar naakte regterbeen,
soos 'n magneet vir almal wat gesondig het.
Haar middellyf plat,
haar glimlag die mees stralende,
In haar silwer metaalrok is sy stralend.

*Gedig 48*

Haar gesig is gelukkig en flirterig,
haar oë 'n skyn,
In haar teenwoordigheid is almal in 'n droom.

Dame van die nag,
'n visie van lig,
Haar silwer metaalrok blink in die nag.
In haar oë, weerkaats die vonk van haar rok,
Sy is die koningin van die nag, niks minder nie.

Met elke stap wat sy neem, beveel sy die straat,
In haar silwer metaalrok is sy 'n bederf.
N godin in die stad,
'n gesig om te aanskou,
In haar silwer metaalrok ,
word sy nooit oud nie.

# Gedig 49

**In die Skadu van Swart**
Geskryf deur
Shane Marquin van Rooyen

Swart is nie hartseer of 'n moeë frons nie,
Dit dra elegansie soos 'n tydlose kroon.
Sterkte en geloof in sy dieptes woon,
'n Koel omhelsing waar skoonheid nie kan wegkruip nie.

'n Siel versier in rou se genade,
Hou misterie se sjarme in 'n sagte ruimte.
ń Geskenk van verlies, maar dit blom opnuut,
maar, In 'n wêreld van rose, wees ook 'n swart roos;
ń Simbool van skoonheid, beide donker en skaars,

Vang harte met 'n boeiende staar.
'n Herinnering om op te staan uit stryd wat ons verduur,

*Gedig 49*

Om lief te hê in die skaduwees,
om die lug in te asem.

Simbole gemaak,
Jaag mekaar af,
soos die swart dans wat in 'n beswyming verloor is.

Toe ek 'n pad geloop het,
nie my eie nie,
Maar gevind in die donker,
so het my ware self het gegroei.

Van my het 'n stroom gevloei,
die essensie van die lewe is geskenk,
Nou soek ek balans op hierdie kronkelpad.

Swart en wit versnit in my soeke na 'n huis,
Met eggo's van my verlede in die ink op my koepel.

My funksies weerspieël drome vet en groot,
Op die gebied van die donker staan ek standpunt in.
Met 'n siel wat suiwer is

In die weef van my wese vind ek my aanloklikheid.
Altyd geurig van lag,
my glimlag 'n lig,

Oë gevul met verlange,
'n vonk in die nag.
Omring deur liefde, vriende en familie naby,

*Ereklere Harte*

Saam staan ons op,
saam juig ons.
Ek staan uit, wild, fel in my soeke,
Onafhanklik en sterk,
in die skadu van swart, belê ek.

Want ek is 'n tapisserie,
ryk, diep, en swart, in geloof
'n Pragtige siel, vir ewig ongeskonde.

# Gedig 50

**Staan op soos 'n Arend**
Geskryf deur
Shane Marquin van Rooyen

Staan op soos 'n Arend,
In die lewe se groot see van beproewings en twis,

Jy sal bo alles opstaan, jou lewe omhels.
Met geloof soos die wind jou druk, laat jou gees styg,
Op die oewers van drome vind jy jou strand.

Moenie stilstaan oor probleme wat jou pad vertroebel nie,
Fokus eerder op die doelwitte wat jy sal vertoon.
Want geduld is deug, 'n krag om aan te steek,

As jy wag, groei jy soos die sterre in die nag.
Diegene wat op die Here wag, hulle krag word hernu,
Soos arende in vlug,

## Ereklere Harte

styg hulle, onuitgereik.
Met vlerke wyd versprei, skaal hulle die blou lug,
Onbederfd hardloop, leer hulle hoe om te vlieg.

Die arend se opgang is 'n gesig om te aanskou,
'n Simbool van moed,
deur stories oorverteld.

In goddelike beskerming vind dit sy omhelsing,
Gelei deur wysheid, dans dit in genade.

Kyk verder as die norm, kyk wyd en syd
Want arende het visie, met niks om weg te steek nie.
Vreesloos in teenspoed, staan hulle steeds dapper,

In die aangesig van die storm ontvou hul geeste.
Arende kom in alle vorms,
hul geeste uniek,

Maar houdings skyn deur, die sterkes en die sagmoediges.

Jy kan nie hoog vlieg met vlerke wat klein is nie,
jou vryheid,
styg bo dit alles.
So laat jou hart sweef,
laat jou drome vlug,
Want jy het die krag om donker in lig te verander.

In die tapisserie van die lewe,
weef jou eie ontwerp,
En soos die arend, sal julle gees skyn.

# Gedig 51

**Deur die oë van God**
Geskryf deur
Shane Marquin van Rooyen

In die stilte van die dagbreek,
Ek soek, Ek kyk oral rond.
Maak my oë oop Here,
in die fluisterende sag en sagmoedige gebed.
Om die wêreld deur U barmhartigheid te kan sien,

Waar liefde se refleksie sy regmatige plek vind.
Laat ek kyk na die skepping,
suiwer in U oë,

Elke hartklop eggo jou heilige lig.
Vergewe my struikelblokke;
Ek is maar 'n vlietende skaduwee,
Maar in u genade is ek nie bang nie.

## Ereklere Harte

Vir die lewe se kosbare drade weef 'n tapisserie drang,
'n Seil geverf deur jou sagte hand.

Soos seisoene draai met wysheid wat U gee,
Laat in elke verhoor deernis vloei.
Yahweh,
lei my om alles met vrede te sien,
Verander my hart; laat oordele ophou.

Omhels die skoonheid wat vir my verborge is
Die lewe blom helder wanneer dit deur U gesien word.
Bemagtig ons missie soos ons reis
Om in U liefde se ritme te loop,
Deur oë wat vergewe
en harte wat omhels,

Laat ons sien U skoonheid en hoop—elke oomblik 'n genade
te vind.

## *Gedig 52*

**Die Sterkte van Geloof, Ek is ń Wonder**
Deur
Shane Marquin van Rooyen

Die sterkte van geloof, ek is 'n wonder,
In die diepte,
waar verlies kan opduik,

Twyfel fluister sag deur die kamer,
maar geregtigheid sing,
alhoewel stemme vervaag,
In elke hart,
die waarheid daarvan oorgedra.

Ek staan op vir die wat alleen staan,
Met krag ononderbroke word sade gesaai.
Vir liefde is die antwoord, suiwer en helder,

*Ereklere Harte*

Dit bewaak die dag en lei die nag.
Verdien is 'n woord te dikwels verlore;
Wat ons glo,
definieer die koste.

Jy is sterker as wat vrese kan bind,
Groter kragte binne jou om te vind.

So bly jy moet;
Laat moed blom,
In 'n wêreld wat pyn nog verlang na ń kamer.

Saam veg ons,
hand aan hand streef ons daarna,
Met geregtigheid en liefde—
Geloof is sterk, ek en jy geloof, Saam ń Wonder,
Geloof,
die wil om te oorleef.

# Gedig 53

**Die Dans van Skaduwees en Lig**
Deur
Shane Marquin van Rooyen

Ek is donker en stil, soos
n rustige nag,

Maar binne my flikker die helderste lig.
Ek is geskryf oor my hele liggaam, littekens en verhale,
'n Reis waar balans stilweg heers.
Son en maan, in hul hemelse omhelsing,

Dié fluister geheime van liefde in hierdie heilige ruimte.
Deur valleie van stryd styg en styg ek,
Elke skaduwee wat ek dra,
word 'n dierbare vriend.
In die soeke na die een wat my siel se skyn kan raak sien,

## Ereklere Harte

Om te deel in drome wat met hoop se sagte naat gestik is.

Ons is gemaak vir mekaar,
teenoorgesteldes in lyn,
In die dans van die bestaan, harmonieus en vriendelik.
Want dit is waar in my hart dat liefde moet verenig,

Die essensie van beide donkerte toegedraai in lig.
So saam sal ons asemhaal
deur storms en vrede
Ondersteuners van balans,
waar konflik sal ophou.

Laat die heelal ons vashou;
ons sal ons eie manier skep,
Deur die getye van teenstrydigheid vorm dit elke dag.

# Gedig 54

**Hartslae van die klaskamer**
Deur
Shane Marquin van Rooyen

In kamers waar die lag moet ontbrand
Onderwysers staan,
hulle oë aan die brand,

Met drome geweef in kalkagtige stof,
Hulle harte klop sterk,
met hoop en vertroue.

Tog kruip skaduwees in fluister onbeskof,
Soos sommige jong siele die goeie verontagsaam;
Vir elke glimlag wat die dag pryk, kan 'n traan— val
so stilweg verdwaal.

Hulle kom met liefdes diep binne-in ingesteek

## *Ereklere Harte*

Moeders en vaders wat dit waag om te lei;
Met elke les gee hulle alles, maar sommige harte eggo 'n verre oproep.
Tog staan hulle op met genade opnuut, maar nog steeds
Verweringsstorms van lug nie blou nie;

Vir liefde brand elke verbygaande asem— In die leer van die lewe, die trotseer van die dood.
So hier is aan diegene wat kies om te sorg,
Om lig te inspireer wanneer duisternis dit waag;

Elke les het—a-brug so wyd— gedeel wat die wêreld
vriendeliker maak, langs mekaar.
So breek vir 'n oomblik
reflekteer en sien:
Diegene wat leer, streef daarna om vry te wees.

Laat vriendelikheid blom;
laat deernis styg—
Vir elke moeë siel onder die wyse lug.

# Gedig 55

**Ek is wie ek is**
Deur
Shane Marquin van Rooyen

ń Plat-op-die-aarde siel,
beantwoord sy oproep.
Met hande wyd oop,
gee ek sonder vrees,
n Hart vol seëninge

God se liefde is altyd naby.
O, hoe het ek deur skaduwees van twyfel gedwaal,
Verwerp en gebreek,
maar ek sal nog steeds skree.

Vir elke wond vertel 'n verhaal nie tevergeefs nie,
In die dieptes van my beproewings was Sy genade my wins.
Ek is wie ek is—by-ontwerp afgesonder, Gemaak uit liefdevol

*Ereklere Harte*

saam—a geslaan hart.

Doel geskenk aan elke brose draad, Om te loop in Sy lig waar hoop sag versprei.
Deur valleie het ek gereis met laste om te dra,
Ek het die gevalle opgehef,
maar tog daar vertroosting gevind.

Die tragedie van die lewe?
Nie die dood se stille omhelsing nie,
Maar dryf deur dae wat verlore is in doellose ruimte.

So hoor my nou—let op wat ek sê: Moenie net bestaan nie;
laat jou gees swaai!
Want God droom in kleure buite ons oë,
Met planne vir jou pad—
Sy waarheid is jou lig.
Laat die doel elke asem wat jy neem aan die brand steek

Ontwaak van die sluimer;
laat jou hart breek!
Want om ander te help en na genade te reik,
sal jy jou essensie ontdek; jy sal jou plek vind.

Staan op met my terwyl ons reis,
Om op die aarde te wees en in pas met die lied—in jou hart,
Van die lewe wat in Jesus gevind word en liefde wat Hy bring;

Want ek is wie ek is, as gevolg van hierdie dinge.
'n Gebreide doel wat deur Hande van God saamgestel is.

# Gedig 56

**Landa, My Panda**
Deur Shane Marquin van Rooyen

ń Sagte genade,
Die eerste keer wat ek haar gesien het,
het ek my plek gekry.
Landa my panda,
stralende in oë van vreugde,
Uitstanend van die res,
'n suiwer, blink lig.

Met elke oogopslag steek 'n vonk aan die brand,
'n Fluistering van die noodlot in die fluweelband.

Alhoewel ons paaie verdeel het, verskil ons reise,
Vandag voel ek liefde in 'n kragtige oplewing.

Landa my panda,

*Ereklere Harte*

met 'n hart so opreg,
Altyd op die uitkyk, altyd nader.
Ek het in skaduwees rondgedwaal, verlore in die stryd,
Onwetend dat jy net 'n hartklop weg was.

Deur seisoene van stilte,
deur fluisteringe van tyd,
Ek het jou teenwoordigheid, 'n ritme, 'n rym gevoel.
Jy het vir my gewag, met 'n warmte en 'n moed,
Soos sonskyn wat die sagte oggendlug inroep.

Nou hier in die oomblik, versamel ek my asem,
'n Liefde wat weer opvlam,
wat alle dood trotseer.
Landa my panda,
die reis is lank,
Maar ek is tuis in jou arms, jy in myne,
waar my hart sal hoort.

Hou my dus naby, soos die wêreld omdraai,
In jou liefde,
liewe Panda, het ek uiteindelik— gevind
Die vreugde in die wag,
die magie in vertroue,
Met Landa my panda is dit vir ewig, hier is ons.

# Gedig 57

Jy het my hart gesteel
deur
Shane Marquin van Rooyen

Kom ek vertel jou gou,
Al wat in my gedagtes is.

Vir 'n liefde soos joune.
Is, so baie moeilik om te vind.

Ek het in myself gekyk.
Nou is ek baie seker.
Daar kan net wees, jy vir my.

Ek het jou meer en meer nodig ..
Jy, het my na binne gedraai en jy het my gewys.
Waaroor die lewe gegaan het.

## Ereklere Harte

Net jy, die enigste een wat my hart gesteel het.
Ek wil alles doen wat ek kan, net om jou te wys.
Laat verstaan.
Net jy, is die enigste een wat my hart gesteel het.

# Gedig 58

**Onse storie**
Deur
Shane Marquin van Rooyen

Ek weet nie, maar ek voel ek moet dit vir jou sê;
Hoe anders sal ek die storie by jou kan kry,
Want tyd vlieg so vinnig verby.

Kom ons maak seker dis op die regte pad wat ons ry,
Dis nooit te laat,
as ons die storie kan vertel,
want sekerlik kan die ander dae weer tel,

Die storie is oud, ek het dit nooit geweet,
Totdat ek saam met jou uit een pot uit eet.

Tussen ons, is n muur opgerig;
hoe sal ons maak om die muur te oorbrug?

## Ereklere Harte

As ons maar net geweet het,
te vroeg raak soms te laat , dan
sal ons miskien ń ander manier vind om die storie te laat baat.

Nou is ons nader as ooit aan mekaar,
Geniet die geselsies wat ons bootjie
laat vaar,
As ek na jou kyk sien ek net die figuur van jou bestaan,
wat roep vanuit die diepe wegsteek plek agter die vensters
van ń traan.

Dáár is jy verskuil, hoe kan ek tot by jou kom?
Want dis die muur tussen ons wat klou soos gom.

Maar jou oë vertel die verhaal van jou hart,
Wat wil deurbreek deur die glas wat keer dat jy jou plekkie
moet verlaat.

Hoe lank gaan ons stry of gaan ons nog bly,
om te ry met die hoop dat die storie,
dié verhaal ,
die regte manier behaal,
In my hart weet ek,
Dis net jy wat kan doen ,
wat jou hart se storie vir jou vertel.

# Gedig 59

**Die Stilte**
deur
Shane Marquin van Rooyen

My verlange na jou stem is soos die stilte in die lang gange.
Kan jy my ooit hoor wanneer ek roep na jou naam.

Die verlange net om jou te sien
Breek binne my los,
asof dit ruk soos n riem.

Die stilte kan ek wel hoor,
maar waar is jy besig om jouself te verloor?
Of bevind.

Nou dat ek weet, jy is maar altyd daar ,
is ek meer gerus oor die stilte in my gedagte gange.
Ek verlang,

*Ereklere Harte*

maar ek is gerus;
omdat ek die vers3kering het,
jy tog altyd hier by my is.
Ek weet dit as ek vanself so onderdeur glimlag,
Dan voel ek die warmte van n vuurtjie wat prag.
Die getak tak tak van die vuurtjie herinner my aan die
maniertjies hoé jy jou note bespeel, op jou ou klaviertjie.

Die geluid van jou bestaan was die lied wat my nou laat
verstaan.

Jy is by my

Ook in die stilte van my gedagte gang,
Die dag breek en die volle maan.
Want in die stilte roep jy uit op my naam.

# Gedig 60

**Die Rugkrapper Storie**
Deur
Shane Marquin van Rooyen

Op die punt van die bank,
In 'n huisie langs die stille kant,
Sit sy met haar blonde, rooierige hare,
Wat skyn soos die maanlig op nuwejaar se aand.

Tussen haar hare vertel die sonlig se strale,
'n Storie van verlange,
sag en pragtig,
Watter gebaar, so aanneemlik en klein,
Die swart strepies van die skaduwee, war'n patroon skyn.
Sy kyk agterom, na die linkerkant van haar rug,
Daar staan hy,
haar bewonderaar,
haar rugkrapper vriend,

*Erektere Harte*

So briljant en dapper, 'n diamant in die lig,

Hy sien haar skoonheid, haar hart is sy lig.
Die rugkrapper se hand beweeg nader, Onder haar blou blousie,
'n stille gebaar, met blink bruin ogies,
sy draai om, so graag wil sy hom soen,
'n liefde so warm.

Onder die blou blousie,
teen haar rug, voel hy die berge, heuwels en dale,
Soos sy hand oor verhale beweeg,

Die gevoel van ń brug,
'n pragtige sewe.
Sy is opgewonde, kyk stralend om haar, Sy skuif in posisie,
'n geheime droom,
Want dis die rugkrapper se storie,
so fyn,
Wat niemand anders, ooit sal kan kry.

Hy gebruik sy palm, teen die warmte van die son,
Kyk na die twee punt brode,
ń storie wat begin,
Hy kom nader, en voor haar staan,

Reg in die baan na haar hart, sy liefde.
Deur die dal van twee berge,
so mooi en vol ryp vrugte,
Volle gesonde vrugte bome,
'n wonderlike rol,

## Gedig 60

Stap hy deur met waardering in sy oë,

Dis hemels, om haar storie te proe, sonder woes.
Sy het dit alles verdien, haar hart so rein,
Sonder om te sien, die rugkrapper se storie, sal sy nooit verloor nie,
altyd die een,
In 'n liefde wat blom,
soos 'n pragtige skenking.

# Gedig 61

**Moeder Aarde Stad**
Deur
Shane Marquin van Rooyen

In haar oë, 'n gloed, 'n stil aanloklikheid,
Sterre glinster saggies, in die nag se sagte genesing.

Met 'n glimlag wat warmte uitstraal, so suiwer,
Sy gee ons hoop, 'n lewe om te verduur.
Sonlig val in 'n delikate raam,
Skilder die wêreld in kleure groen en blou,

Verbetering van haar skoonheid soos 'n gefluisterde naam,
In die natuur se omhelsing verwelkom sy die ware.
Haar kleure is lewendig, hulle dans, hulle sing,

## Gedig 61

Bring vreugde vir almal wat op haar skoot rus,
Met die skakerings van die heelal, die lewe se wonderlike lus,

'n Simfonie gespeel in 'n tydlose kaart.
Genade in haar houding, 'n sagte appèl,
ń trek wat so natuurlik is, maar kragtig werklik,
Onder bome, rotse en waters wat vloei,
Skoonheid so moeiteloos, waar liefdesaad groei.
ń gevoel wat talm, soos golwe op die gesig,

In Moeder Aarde Stad, vind ons ons plek,
Gevange deur visioene,
so wild en vry,
In haar arms ontdek ons wat dit beteken om te wees.

# Gedig 62

**Ek is ń Lig**
Deur
Shane Marquin van Rooyen

Ek is 'n lig,
n Unieke siel,
blink en helder
Waansinnig verlief op die goddelike hierbo wat,
my beweeg met genade en liefde

Sonneblomme, bly maar my inspirasie,
Hulle staan lank
met goue kroonblare wat na die son reik,
Wat nooit val nie
Net soos hulle,
staan ek sterk in my geloof
Ek omhels die skoonheid van elke dag se asem

## Gedig 62

Ek is vry om my pad, my lot te kies
Maar nie vry van die gevolge wat gepaard gaan nie,

Net soos die sonneblomme, moet ek die storms in die gesig staar
Groei sterker deur elke stryd, so kry ek my ware vorm

My hart dans in die sonlig,
so suiwer en waar
Elke oomblik met God, 'n liefde so nuut
Sy teenwoordigheid omring my, soos 'n warm omhelsing
Hy vul my met vrede, vreugde en genade

Ek blom soos 'n sonneblom,
stralend en vet in die gees

Die verspreiding van liefde en vriendelikheid,
soos ek vertel word
Ek kies om elke oomblik vriendelik te wees
Om my uniekheid te omhels, met 'n dankbare verstand

So hier staan ek, 'n siel in liefde met God
Geïnspireer deur sonneblomme,
Ek word hoog en breed
Uniek, vry en vol lig
Ek skyn helder, in sy oë.

# Gedig 63

**Die Groter Sukses**
Deur
Shane Marquin van Rooyen

Sukses word nie gemeet aan materiële rykdom nie
Of die besittings wat ons in goeie gesondheid bymekaarmaak nie,
Dit gaan nie oor die groot huis of duur motor nie,
Ware sukses lê in wie ons is.

Dit is die impak wat ons op diegene rondom het,
Die lewens wat ons raak en die liefde wat ons slaan,
Sukses is 'n seën van bo,
'n Geskenk van God, gevul met liefde.

Dit is die glimlag op 'n vreemdeling se gesig,
Die warmte van 'n soort omhelsing,
Die helpende hand wat ons elke dag leen

*Gedig 63*

Dit is die ware sukses wat ons uitbeeld.

Sukses gaan nie oor die roem nie,
Of die geluk wat ons beweer,
Dit gaan oor die vreugde wat ons vir ander bring
En die manier waarop ons ons susters en broers behandel.

Dit is die klein oomblikke van vriendelikheid
Die onbaatsugtige dade van goedheid,
Dit definieer ons sukses op die ou end
En die nalatenskap wat ons nalaat om te herstel.

Kom ons streef dus na sukses op 'n ander manier
Nie in wat ons het nie, maar in wat ons sê en doen,
Sukses gaan nie oor wat ons stoor nie
Maar die liefde en lig wat ons versprei, vir ewig.

# Gedig 64

**Gebreekte Mates**

Deur

Shane Marquin van Rooyen

In die dieptes van hartseer,
staan dogters,
beroof van 'n pa se leiding en hul ma se sorgbarende hand.

'n Jaar van angs,
'n jaar van pyn,
Soos die koue omhelsing van die dood wel geheers het.

Gebreek en seergemaak,
hul harte nou verskeur,
Hulle wonder of die pyn ooit gedra sal word. Hartseer omhul
hulle soos 'n swaar mantel,

*Gedig 64*

Terwyl hulle die toekoms in die gesig staar, het hul drome nou gebreek. Die planne wat hulle gehad het, die hoop wat hulle gedeel het,

Alles nou versprei, hul toekoms het benadeel. Tog, in die duisternis, Is daar iewers 'n sprankie lig,

'n Geloof dat God hulle deur die nag sal lei. Hy sal hulle vashou, hulle na hul lot dra, alhoewel die pad vorentoe dalk nie maklik is om te sien nie.

Met elke stap kan die pyn verminder, die las groei lig, Soos hulle vertroosting vind in die omhelsing van die Almagtige se mag.

Dogters, wat eens in die dieptes van wanhoop verlore geraak het, sal leer om die wêreld met 'n hernieude opvlam navigeer. Want in die aangesig van teëspoed sal hulle krag opstaan, en hulle sal die moed vind om die lug in die oë te kyk.

Alhoewel die reis vorentoe,
lank en moeilik kan wees,
sal hulle dit saam stap, hul band het nou letsels, maar elke donker wolk het tog ń silwer rand,

Want op die ou end sal hulle 'n manier vind om te genees, Deur Geloof, deur God die Heer en die liefde wat hulle het, mekaar se ankers,
sal vir ewig ń werklikheid wees.

# Gedig 65

**Hou vas aan die skoonheid binne-in jou**

Deur
Shane Marquin van Rooyen

Elke mens is uniek gemaak,so ook jy
Hou op om na jouself in die spieël te kyk,
en jou foute uit te kies
Wat jy sien, is nie waaroor skoonheid gaan nie.

Ek het dieselfde gedoen en elke onvolmaaktheid uitgewys
Maar ek het geleer om myself lief te hê en my refleksie te verander.

Deur my oë het jy die waarheid gesien
Daardie skoonheid kom van binne, nie van jou jeug af nie.
Jy kan dit nie met grimering bedek of dit soos 'n kledingstuk dra nie

## Gedig 65

Dit is iets dieper, iets wat jy besit.

My refleksie is nie perfeksie nie, dit is 'n werk aan die gang,
Maar die skoonheid in my is iets wat ek nie sal onderdruk nie.
Ek het geleer om my gebreke en alles wat ek is, te omhels
Ware skoonheid kom van die feit dat ek getrou is aan wie ek is.

Hou op om te fokus op wat jy dink verkeerd is
En begin al die redes waarom jy hoort, omhels.
Skoonheid is nie vel diep nie, dit is die essensie van jou siel,
Laat dit dus deurskyn en jou heel maak.

Volgende keer as jy in die spieël kyk, kyk verder as wat jy sien,
En besef dat ware skoonheid outentiek is,
Hou op om jouself uitmekaar te haal en begin lief te hê vir wie jy is
Want dit is waar ware skoonheid lê, beide naby en ver.

# Gedig 66

**Verstand oor Omstandighede**

deur
Shane Marquin van Rooyen

Gedagtes 'n skild, haar wil 'n swaard,
Teen die twyfel wat haar pad vertroebel,

Sy druk deur, kom wat kan.

Die gewig van laste, ń swaar vrag,

Sy gaan voort, op hierdie rowwe pad,

Haar voete mag pyn, haar lyfband,

Maar haar gees brand met eindelose vuur.

## Gedig 66

Want in haar hart, 'n vlam aan die brand

Beweeg haar deur donker van die nag

Met vasberadenheid as haar gids,

Sy sal die hoogtepunt bereik, nie nodig om weg te kruip nie.

Let op materie, krag binne,

Sy sal berge oorwin, die geraas breek,

En wanneer sy bo staan, so lank, so lank

Sy sal weet sy is verower, sy het dit alles gewen.

Laat haar reis ons almal inspireer

Om bo uit te styg, om hoog te staan

Want met ons gedagtes breek ons vry,

En oorwin berge, soos die see.

# Gedig 67

**Die Boeie van Persepsie**

Deur
Shane Marquin van Rooyen

In die dieptes van ons gedagtes,
lê 'n tronk
gebou deur die oordeel van starende oë
Vrees vir wat ander dink, bly 'n swaar gewig
Dit hou ons beperk, dit verseël ons lot

Maar wie is hulle om ons waarde te definieer?
Om ons terug te hou,
om ons vreugde te beperk
Ons is meer as die menings wat hulle het,
Dit is tyd om vry te breek,
om dapper te wees

*Gedig 67*

Moenie toelaat dat hulle fluisteringe, jou stem verdrink nie
Moenie toelaat dat jou twyfel jou keuse word nie
Want in die oë van God is jy goddelik,
ń Meesterstuk, 'n skat om te vind

Jy het 'n doel, 'n pad om te trap,
Moenie toelaat dat vrees vir oordeel jou met vrees vul nie
Verpletter die kettings van maatskaplike norme
Omhels jou ware self, in al sy vorme

Jou waarde word nie deur ander se sienings gedefinieer nie
Dit is tyd om uit te stap, om die lont aan te steek
Om jou potensiaal te ontketen, om hoog te styg
Om na die sterre in die onbeperkte lug te reik

Breek dus uit die gevangenis van vrees
En laat jou gees styg, kristalhelder
Vir die grootste geskenk wat jy aan die wêreld kan gee
Moet onverskoonbaar, pragtig wees, jy ontvou.

# Gedig 68

**Die beste van die lewe**

Deur
Shane Marquin van Rooyen

In 'n stad van berge,
skerp teen die lug,
met iemand se lag so naby.

My bekommernisse neem vlug,
Vir 'n oomblik is ek vry,
gebad in suiwer lig.

Soos wilde riviere, het sandale ongedaan gemaak
Ek gaan saam met die wêreld,
onder Kaapstad se son.
Agter my staan Tafelberg stil en stil
Terwyl ek verlustig in vreugde, op die vensterbank van die

## Gedig 68

lewe.

Dit noem ek lewe, dit fluister duidelik en waar, terwyl die
suidoostewind om my waai,

Nog ń banier van die lewe, dapper teen die blou lug,
Die wind
Ek klou aan die toue, maar ek laat myself gaan,
In hierdie klein swaai met n windjie wat waai,
is ek deel van die Beste Lewe van vloei.

# Gedig 69

**Die Lewe se Lied**

Deur
Shane Marquin van Rooyen

Die lewe moet 'n lied wees,
Met klanke vol van vreugde,

Elke dag 'n nuwe vers,
In die son se sagte lig.

Leef dit met dankbaarheid, vir die klein en groot dinge,
Die asem wat ons haal,
Die liefde wat ons bring.
Die briesie wat ons streel,
Die sterre wat ons glo,

In elke hart se klop, En elke droom se vloei,

## *Gedig* 69

So sing ons saam die lied, van hoop en van genade,
Die lewe het sy ritme,
Met dankbaarheid as laaste.

## Gedig 70

**Twee is Beter as Een**
Deur
Shane Marquin van Rooyen

Twee is beter as een,
In die lewe se dans,
Soos dit geskrywe staan in die woord van ons Liewe Heer,

Saam loop ons die pad,
Met elke nuwe kans.
In die son en die reën, deel ons ons vreugde, hand in hand,
hart aan hart, vir elke moeilike weg.

Laggies en trane, ons deel dit met trots,
met jou aan my sy, word die lewe 'n skots.

As die nag val,
En die sterre skyn helder,

## Gedig 70

Weet ek, my vriend,
Jy is my held,
my helder.
So kom, laat ons saamstaan.

Met liefde, met krag, want twee is beter as een,
In elke dag se vlag.

# Gedig 71

**Sonder ń Kompas**

Deur
Shane Marquin van Rooyen

As dit nie vir die Here was nie,
waar sou ek gewees het?

In die duisternis van my siel, verlore, sonder 'n kompas,
verblind deur die storms van die lewe.

Sy lig het my pad verhelder,
die hoop in my hart herleef,
met elke stap wat ek neem, Is dit sy liefde wat my dra.

Hy is my rots, my toevlug, die anker in my seewater,

As dit nie vir die Here was nie,

## Gedig 71

sou ek steeds soek,
sonder vrede.
Sonder ń kompas.

# Gedig 72

**Vier Seisoene op een dag**

Deur
Shane Marquin van Rooyen

Vier seisoene op een dag, 'n wonder om te aanskou
n Simfonie van die natuur se oorgange, ongekende
Van die brosheid van die oggend ryp, tot die middag son se hitte
Aan die sagte reën wat val,
dan is die koel aand terug

Lente fluister sag in die lug, bloeisels blom met genade
n uitbarsting van die lewe en kleur, 'n verfrissende verandering van tempo
Nuwe begin en groei, 'n belofte van hoop
In elke blom wat blom en elke grashal wat hoop

## Gedig 72

Die somer kom in volle krag, met sy brandende hitte
Die son se strale klop af, op elke straat
Kinders se lag vul die lug, terwyl hulle in die son speel
Pieknieks in die park, en BBQ's op die vlug

Herfs kruip stadig in, met 'n koue in die briesie
Blare draai van groen na goud en val van die bome af
ń Gevoel van nostalgie bly voort, terwyl ons afskeid neem van die warmte
In pampoen speserye lattes en knus truie vind ons ons gemak

Winter daal met 'n wraak, 'n kombers van sneeu,wind of reën
Die wêreld word stil, in sy ysige gloed
Ryp oggende en knus nagte by die vuur
ń Tyd van besinning, van vrede en begeerte

Vier seisoene op een dag, 'n siklus nimmereindigend
'n Herinnering aan die vlugtige oomblikke van die lewe, altyd verander
Wat 'n voorreg om dit te ervaar, om die natuur se groot vertoning te aanskou
'n Herinnering aan die skoonheid in verganklikheid, op elke manier.

# Gedig 73

**Gedig vir Kalmte**

Deur
Shane Marquin van Rooyen

Here, verander my spanningsvolle lewe,
Met angs wat my hart steeds bewe.
Gee my rustigheid,
'n vrede so diep,
Sodat my siel kan weer begin slaap en nie siek.

Met elke asemteug, ek roep U naam, Verlig my gedagtes,
verwyder die skam.
In stilte en kalmte, laat my vind, Die pad na 'n lewe waar ek
heel kan wees en blind, vir dit wat my ontstel.

Gee my die krag om spanning te laat gaan,
Verander my hart, laat my nie meer angstig staan.

## Gedig 73

Met U innerlike kalmte, skenk my die lig,
Sodat ek weer kan lewe,
gelukkig en dig.

## Gedig 74

**Om te Hoop**

Deur
Shane Marquin van Rooyen

Om te hoop is om 'n by te hê,
n klein skepsel met vlerke so vry
Om iets te produseer wanneer jy dit die minste verwag
Bring vreugde en lig, 'n welkome effek

Hoop is die enigste by,
wat heuning maak
sonder die behoefte aan blomme so sonnig,
Dit gons rond en versprei sy lig,
Ons sal deur die donkerste van die nag beweeg

Soos 'n by, is hoop klein, maar kragtig,
Bring soetheid in ons lewens so vlugtig,

## Gedig 74

Dit sing 'n deuntjie van positiwiteit en moed,
Help ons om elke vrees te oorkom

In tye van moeilikheid, wanneer alles verlore lyk
Hoop is daar om die koste te bereken,
Dit herinner ons om aan te gaan
selfs wanneer die winde van wanhoop waai

Hoop is 'n baken in die stormagtige see
En ons gaan na waar ons wil wees,
Dit fluister sag in ons oor,
Dit herinner ons dat die einde naby is

.

# Gedig 75

**Die Familie Band, Onbreekbaar**

Deur
Shane Marquin van Rooyen

Dis ń band van Liefde,
Waar daar familie is,
is daar ń onbeskryflike genade van God se Liefde agter als.

'n Bond wat onbreekbaar is,
wat van bo af weer op ń manier uitstyg,
Volgens Sy wil,
deur beproewings en verdrukkinge staan familie hoog,
Ondersteun mekaar, om nooit te val nie

Familie gee jou die wortels om sterk te staan,
Beweeg jou deur reg en verkeerd,
Hulle hou jou naby wanneer tye moeilik raak,

## Gedig 75

Onvoorwaardelike liefde is meer as genoeg

In die hart van 'n huis woon die familie,
Hulle bring warmte en vreugde wat nooit wegsteek nie,
Lag en trane, almal saam gedeel,
Herinneringe wat vir ewig sal duur

In oomblikke van duisternis is hulle die lig,
Beweeg jou deur die donkerste tye;
Hul teenwoordigheid is 'n vertroostende omhelsing,
Dit is 'n herinnering dat jy nooit alleen in hierdie ruimte is nie

Deur dik en dun sal hulle altyd daar wees,
Wys jou dat hulle regtig omgee

Familie is 'n skat wat kosbaar en waar is,
ń Kosbare geskenk wat altyd sal hernu

So koester jou familie,
hou hulle lief,
Want hulle is die wat altyd naby sal wees,
In hul liefde sal jy jou huis vind,
Familie is waar die hart altyd rondloop.

# Gedig 76

**Gees Weg**

Deur
Shane Marquin van Rooyen

In die hart van 'n driehoek lê
ń uil met vlerke uitgestrek,s ń Simbool van waarheid en wysheid,
In die skadu is sy geëts

Haar oë blink van antieke kennis,
Haar vere sag maar sterk,
Sy dra die gewig van die wêreld
in stilte sing sy haar lied,

"Gees Weg" verkondig die woorde,
ń Oproep na die siel binne,
Om diep te reis,

## Gedig 76

om jouself te vind
Om die hart te laat begin

En onder,
Voog van die nag
Gids deur die donkerste paaie
n Baken van innerlike lig

Praat van raaisels
Van geheime wat diep binne gehou word
Van 'n verbinding met die heelal
van die siklusse wat nooit eindig nie,

Want in die uil se wye blik,
Daar lê 'n spieël van die siel
Herinnering aan die reis wat ons neem,
Om ons heel te vind

Laat haar vlerke jou toevou,
Laat haar wysheid jou gids wees,
Gees weg,
liewe reisiger
En in jouself bly

Want in die stilte van die nag,
In die stilte van die donker,
Jy sal die waarheid vind wat jy soek
in die klop van jou hart.

# Gedig 77

**Geklee met krag en waardigheid**

Deur
Shane Marquin van Rooyen

Geklee met krag en waardigheid, staan sy lank,
 n teken van genade, om nooit te val nie.
 Haar innerlike lig skyn helder en waar,

'n Krygerprinses, in alles sal sy doen.

Met elke stap straal sy krag uit,
'n Mag om mee rekening te hou, in elke uur.
Haar hart is gevul met liefde en vriendelikheid
'n Seën vir almal, van hoog bo.

In haar oë brand 'n vuur sterk,
'n Passie so fel, dit kan nooit verkeerd loop nie.

## Gedig 77

Sy staar die wêreld in die gesig met onwrikbare geloof,
'n Pilaar van krag in die aangesig van haat.

Geklee in kledingstukke van deug en trots,
Sy loop met selfvertroue, om nooit weg te kruip nie.
Haar glimlag verlig die donkerste dae,
'n Baken van hoop in 'n wêreld gevul met ontsteltenis.

Sy is 'n koningin, 'n vegter, 'n vriend, 'n vriend
'n Mag om mee rekening te hou, tot aan die einde.
Geklee met krag en waardigheid, sal sy altyd staan,
'n Ware beliggaming van genade, in 'n wêreld so groot.

In haar teenwoordigheid voel almal 'n gevoel van vrede,
'n Kalmerende teenwoordigheid, wat nooit sal ophou nie.
Sy is 'n geskenk, 'n seën van bo,
n Pragtige voorbeeld van liefde en krag.

Geklee met krag en waardigheid, sal sy vir altyd wees,
'n Lig in die duisternis, vir almal om te sien.
In haar vind ons hoop en inspirasie
Want sy is 'n ware beliggaming van verlossing.

Laat ons almal daarna streef om soos sy te wees
Geklee met krag en waardigheid, vir ewig rein.
In haar voorbeeld vind ons ons weg,
Môre na 'n helderder, kom wat kan.

# Gedig 78

**In uniform, ń nederige gloed**
Deur
Shane Marquin van Rooyen

ń Nederige siel in stil houding,
Met genade wat geen harde vooruitgang nodig het nie.

Glimlag, 'n warmte soos oggendlig,
verdryf die koue, maak skaduwees helder.

In uniform van besorgdheid,
van die liefde wat gedra word
Elke stap wat geneem word, beide ferm en vriendelik,
Laat sagte voetspore op die verstand.

Nie groot of spoggerig nie,
maar staan,

## Gedig 78

die baken met onuitgesproke hande—
Sagte krag wat genees en dien in vrede,
ń Nederige hart,
ń siel se vrylating

# Gedig 79

**Jy sal daar kom**

Deur
Shane Marquin van Rooyen

As jy nie weet waarheen jy gaan nie,
Enige pad sal jou daar kry
Volg die stem wat saggies fluister binne in jou,
Dit sal jou versigtig lei.

Deur die kronkelpaaie en kinkels,
Jou lot sal ontvou,
Vertrou op die reis waarop jy is,
Laat die geheimenisse vertel word.

Die stem fluister saggies
Of skree met donderende mag,
Luister noukeurig, let op die oproep,

## Gedig 79

Dit sal jou na die lig lei.

Moenie bang wees vir die onbekende nie,
Omhels dit met ope arms,
Elke stap wat jy neem
sal jou nader aan jou sjarme bring.

Dwaal deur die woude
En klim die hoogste pieke,
Laat die stem in jou wees,
Lei jou in die regte rigting wat jy soek.

Uiteindelik is dit nie die bestemming nie,
Die reis wat die meeste saak maak,
Volg die stem in jou
en laat jou siel jou gasheer wees.

Maak nie saak waar jy eindig nie, jou pad is reeds bepaal,
Onthou om die rit te geniet
Die lewe is 'n groot avontuur
As jy die stem jou gids laat wees.

# Gedig 80

**Jeug gedig**

Deur
Shane Marquin van Rooyen

Jy is spesiaal vir God.
God is trots op jou, so is ek ook.
Ek is so trots op jou dat jy dit so ver gemaak het, en weet
asseblief dat daar mense is wat jou aanmoedig ,
Wat weet jy kan dit doen!

Hou aan met die goeie werk!
Ek moedig jou aan om struikelblokke te oorkom en meer oor
jouself in die proses te leer.

Ek hoop jy kan die wêreld 'n beter plek maak!
Jy sal skyn en jy sal bereik wat jy wil
as jy aanhou hard werk en meer droom.

*Gedig 80*

Moenie toelaat dat iemand jou gemoedsrus vernietig nie.
Jy is op die regte pad om jou drome na te streef

# Gedig 81

**Die Verandering**

Deur
Shane Marquin van Rooyen

Dromers durf met die lug hierbo praat,
"Ek sal die saad van verandering met liefde plant."
Draai nie weg van sulke take op hande nie, want 'n enkele hart
kan 'n staander aansteek.

Soos rimpelings op water, kombineer ons aksies,
Saam smee ons 'n nuwe ontwerp.
'n Raak hier, 'n woord daar,
laat vriendelikheid blom,
In tuine van siele wat eens in somberheid geskadu is.

Omhels al die stories wat binne-in jou eggo,
want liefde is die stof waar genesing begin.

## *Gedig 81*

Staan dus op met vasberadenheid, laat jou gees ontbrand,
Om die dapper vlam in die dieptes van die nag te wees.

Want wanneer jy word wat jy wil sien,
Die wêreld transformeer— in eenheid, ons is vry,
In die verandering.

# Gedig 82

**Gebroke harte hoef nie hopeloos te wees nie**
Deur
Shane Marquin van Rooyen

In skaduwees diep,
waar die stilte huil, het ons almal eens rondgedwaal,
harte in hoop,
Die frakture in ons siele, onuitgesproke,

Tog van die skerwe, is nuwe lig gebreek. Eensame nagte,
wanneer drome ver voel, skeur elke traan 'n wens op 'n ster.

Maar gebrokenheid, my dierbare, kan herstel,
'n doek groot, waar liefde transendeer.
Uit pynlike harte groei veerkragtigheid, In sagte fluister, hoop
skenk.

Saam weef ons 'n tapisserie helder, Hand in hand,

## Gedig 82

ons ontbrand die nag.

Vir elke kraak, 'n storie om te deel, 'n reis van genesing, 'n liefde wat skaars is.
Vrees dus nie die letsels nie, omhels die stryd, want gebrokenheid kan lei tot liefde se suiwer lig.

# Gedig 83

**Kleine Bedoelings**

Deur
Shane Marquin van Rooyen

Bedoelings kan edel wees,
Maar dit is die kleinste daad wat werklik die hart heel maak.
Woorde is maklik om te praat, beloftes maklik om te maak,
Maar optrede spreek harder, aksies kan nooit breek nie.

'n Saad van vriendelikheid, geplant met sorg,
Kan in 'n blom buite vergelyk blom.
n Eenvoudige glimlag, 'n helpende hand,
Kan geeste hoog ophef in 'n onstuimige land.

Die grootste bedoeling kan groot wees
Maar sonder optrede is dit soos om sand te sink.
Want dade is die boustene van die lewe,

*Gedig 83*

Hulle sny deur die geraas en die twis.

n druppel in die see, 'n rimpeling in die dam,
Elke klein daad weerspieël 'n hart so lief.
Dit gaan nie oor die grootte of die skaal nie
Maar die liefde en deernis wat heers.

Laat ons nie net van goed praat nie
Maar laat ons optrede verstaan word.
Want op die ou end is dit die dade wat ons gedoen het
Dit wys regtig wie ons geword het.

So koester die klein, die skynbaar onbeduidende,
Want hulle hou die krag, hulle is werklik manjifiek.
Die kleinste daad, met liefde en bedoeling
Kan werklike en blywende transformasie teweegbring.

# Gedig 84

**Kyk na die kruis op Golgota**

Deur
Shane Marquin van Rooyen

Dit is maklik om verlore te raak in die duisternis wat ons dra.
Maar te midde van die onrus en twis,
Daar is 'n baken van hoop, 'n sprankie lewe.

Dit is nie waarna jy kyk na wat saak maak nie, sê hulle,
Dit is wat jy sien wat jou pad lei.
Kyk dus verder as die pyn en die vrees,
En vind die lig wat altyd naby is.

Kyk na die kruis op Golgota en leef,
Want in sy offer, genade sal dit gee.
Die teken van liefde, vergifnis en vrede

*Gedig 84*

'n Herinnering dat pyn en lyding sal ophou.

In die skaduwee van die kruis vind ons vertroosting,
In sy omhelsing ontdek ons ons ware belofte.
Om bo die beproewings en verdrukkinge uit te styg,
Vind verlossing in ons redding.

Laat gaan van die twyfel en die duisternis
Omhels die lig, laat dit 'n nuwe harnas aanwakker.
Want in die oë van die geloof vind ons bevryding
In die lig van hoop ontdek ons verlossing.

Kyk dus verby die oppervlak, anderkant die fineer,
En sien die skoonheid wat onder alle vrees lê.
Want in die dieptes van ons siel vind ons ware sig,
En in die omhelsing van liefde vind ons ons ware lig.

# Gedig 85

**Die Knap Vrou**

Gedig geskryf deur Shane Marquin van Rooyen.

Saamgestel uit die boek van Spreuke 31

**Die Knap Vrou**

In stilte voor dagbreek se stralende lig,
Roer sy uit haar drome, met die doel aangesteek,
n Tapisserie geweef van arbeid en sorg,
Die Knapvrou staan op,
haar hande het nooit bang geword nie.

Sy draai stringe goue ambisie opnuut,
Versamel krag soos die son se gretige strale,
Haar man,
hy rus in die warmte van haar genade,

## Gedig 85

Die oes van haar edele maniere maai.

Met drade gemaak van hoop en 'n hart in goud gestik,
Sy gee 'n lewe waar liefde se sagte stem sing;

Bereken waarde onder sterre se flikkerende horlosie,
Horisone strek wyd terwyl sy lewensdinge versamel.

Haar lag is sonskyn wat deur wolke dans
In vrygewigheid se omhelsing maak sy haar deur oop;
Vir elke warm jas stuur sy deur die sneeu,
Is geweef met liefde, en haar gees styg op in gebed.

ń Grond gekoop met wysheid , glinster in haar oog,
'n Wingerd om te floreer,
Wanneer dit moeg en gedra word deur die dag se eindelose maal,
Haar skouers staan trots; geen laste beperk nie.

Haar kinders sal verhale met trots in hul oë vertel:
"Baie helder vrouens is volop,
maar niemand sal opstaan"

Om lief te hê met so 'n ywer en lei met sulke lig;
Hierdie wonderlike Knap Vrou verower die nag.

# Gedig 86

Gedig geskryf in die digter se kallid slêng, Ek is mos kallid, Ek is trots daarop, onse eie mix taal.

**Fêstive in die Boland tot die Kaap**

Deur
Shane Marquin van Rooyen

As breking-up day mos aanbriek,
is dit die laaste betalings op die klopse klere,
Manne en vroue maak sieke dat hulle tog ga betaal,
Voorie aanbriek van Nuwe jaars oggend.
Want dan Gan os , os klopse klere aantrek

Music speel in die strate van die Boland tot die Kaapse vlakte
Wat die jolly fêstive se wibe kwai maak,
Shoppings vir Krismis word gedoen, met shoprite seëls ennie

## Gedig 86

hele jaar se spaargeld word gespend.

Die huise word gepaint, al isit oek met cheap paint, but solank os plekke skoon ka lyk,

Terwyl die liggies fees die mense in die dorp versoen,so is elke huis opgemaak met balloons en krienkelpaper
liggies,
en vrolike gesiggies.
Die Gamon en tong ,
soutvleis en traaifels
en ń nuwe paar skoene en broekie
of ń rokkie vir die meisiekind of die laaitie

So sing os almal saam een an een song

"Welcome to Kyptown "

Of langes aan dans die aner span , op
Ajeje samballa,
En Hop Joanna kry oek sy site om te klop opie sound systems.

Ja, it klop op die systims
terwyl die anties en oeempies dans in die jaardse
met ń glasie warme vastrap of ń yskoue bier,

Met braai roek wat optrek,
Net wa jy kyk isit n glasie wat praat
van brannewyn en bier, rooiwyn en sy chommies,
Maar Virie Boeland en kaap isit ma net altyd ń plesier met ń jaarlikse gier.

## Ereklere Harte

Nuwe jaar briek aan, dan hoor jy die
drums en Kitare tamboereine en benzoe snare,
Rin tin tin tin tin
Rin tin tin tin tin
Dit weerspeel deur die Boeland
tot binne in die kaap,
Die opens lyk mos gevalik met
hulle helder veelkleurige gedrag op nuwejaarsdag, dis
wat die klopse laat prag en laat uitstaan en die mense laat lag.
Dis
Altyd ń samesyn van toeskouers om die eeue oue culture te
celebryt
dit maak die atmosfeer, due vibe net lekke
Vir almal om na te kyk.

Die laaitjies enjoy die geraas van die gekap en klanke van
oorwinning van
ń hêppie jolly
fêstive season in die lug.

Ice creams, suckers
Bunny lieks en JC bompies
op die warm dag
, laat die laaities almal uitsien na die dag.

Die strate word ingevaar, deur die klopse se vermaak,
mense trek op met stoele, Kaziebous en cooler bokse vir die
dietoks,
Vir die klopse se vermaak,
En os amal
Enjoy en celebratee van die boeland tot die Kaap.

## Gedig 87

**Die Geskenk met my naam op**

Deur
Shane Marquin van Rooyen

Sit in die deuropening,
af op die trap
Jy wil hê ek moet sien,
'n Uitsig so groot, dit het dadelik my asem weggeslaan.

Wat voor my gelê het,
was iets groots en kolossaal,
Soos 'n skat wat wag om in my hand gehou te word.

Maar soos ek na hierdie pragtige gesig gekyk het,
Jy het weggedraai en probeer om dit teen my lig te beskerm.
Dit het gelyk of jy nie wou hê ek moet te diep kyk nie

*Ereklere Harte*

Asof hierdie skat vir my bedoel was om te hou.

Maar ek kon nie anders as om aangetrokke te wees tot sy aanloklikheid nie,

My naam is daarop geskrywe, wat my hart rein maak.
N volgelaaide pakket van drome en begeertes,
Ignoreer in my 'n woedende vuur.

Ek wou uitreik en dit styf gryp,
Om hierdie geskenk met al my mag vas te hou.
Maar jy het in die pad gestaan en my pad versper
'n Stille versperring wat my toorn oproep.

Tog het ek diep geweet,
hierdie skat was myne,
'n Geskenk met my naam daarop van uit die hemele,
bestem om te skyn.
So ek het geduldig gewag, my tyd gebid
Vir die oomblik wanneer hierdie skat ten volle myne sou wees.

# Gedig 88

**Al wat ons Eintlik het**

Deur

Shane Marquin van Rooyen

Dit is wie ek is, wat nou leef
Omhels die oomblik, ek neem 'n diep boog.
Kies om te glo in die krag van vandag,
Laat die verlede los, laat dit nie swaai nie.

Dié oomblik is waar ek floreer
In hierdie ruimte voel ek werklik lewendig.
Met elke asem wat ek neem,
is ek bewus,
en
van die skoonheid rondom my, behalwe vergelyk.

*Ereklere Harte*

Ek koester in die sonlig, voel die briesie op my vel,
Luister na die voëls wat tjirp en hul lied inlaat.
Ek kyk na die lug, so groot en so blou,
Ek is dankbaar vir alles wat ek het, so waar.

Ek weet dat die verlede weg is,
die toekoms onseker,
Al wat werklik saak maak, is die nou, so suiwer.
Ek kies om die beste van elke dag te maak
Op hierdie oomblik vind ek my eie manier.

Dit is nie nodig om stil te bly oor wat was nie
Of bekommerd wees oor wat nog onsigbaar is.
Ek vertrou op die krag van nou, in die huidige oomblik,
Dit is waar ek vrede vind, waar ek tevrede is.

So ek sal aanhou om in die nou te woon,
Om elke oomblik te koester, om 'n boog te neem.
Want dit is wie ek is, dit is hoe ek kies om te wees
In die huidige oomblik, waar ek regtig vry is.

# Gedig 89

**Die Balkie van Hoop**
Deur
Shane Marquin van Rooyen

Ons elkeen is lig in eer gekleurde harte
Skyn helder soos 'n balkie van hoop,

Die teken van moed wat nooit sal verdwyn nie

Vir vroue wat met krag en genade staan
Uitdagings met onwrikbare houding
Hulle harte klop met 'n melodie van veerkragtigheid
n Volkslied wat nooit vernietig nie

Vir mans wat eer met trots handhaaf
Hulle optrede spreek harder as woorde
Hulle harte geverf met skakerings van dapperheid
Skild van integriteit wat nooit afgeskrik word nie

## Ereklere Harte

Vir die jeug wat droom van 'n beter môre
Hulle harte is gevul met aspirasies hoog
Met passie en ywer oorwin hulle die wêreld
n Visie van verandering wat nooit sal sterf nie

Vir kinders wat die wêreld met verwondering sien
Hulle harte suiwer, onaangeraak deur bedrog
Onskuld skyn in hul lag en glimlag
ń Weerspieëling van vreugde wat nooit sal terugtrek nie

Vir vriende wat aan mekaar se kant staan
Deur die lag, trane en alles tussenin
Hulle harte verstrengel in 'n band onbreekbaar
Vriendskap so sterk, dit sal nooit ongesiens word nie

Vir die wat onvoorwaardelik liefhet
Hulle harte verbind deur bloed en liefde
Deur dik en dun staan hulle saam
ń Band so diep, sal dit nooit verwyder word nie

Laat ons hierdie erekleurige harte waardeer
Want hulle is die wat die wêreld helder maak
Hulle liefde, moed en integriteit skyn deur
'n Ware bewys van die krag van lig.
advertensie

# Gedig 90

**Sy genade is nog genoeg**

Deur
Shane Marquin van Rooyen

Sy genade is genoeg vir my en jou
In ons swakheid word Sy krag volmaak gemaak
Deur beproewings en verdrukkinge is ons nooit alleen nie
Want sy liefde omring ons, Sy genade ken geen einde nie.

Wanneer ons wankel en val, lig Sy genade ons op,
Wanneer ons struikel en dwaal, lei Sy genade ons terug,
Wanneer ons twyfel en bevraagteken, verseker Sy genade,
Dat Hy altyd by ons is, bly Sy liefde.

Maak nie saak watter storms rondom ons woed nie
Sy genade is 'n skuiling, 'n toevlug in die storm,
n Rots soliede fondament, onwrikbaar en sterk,

*Ereklere Harte*

Sy genade is genoeg om ons deur te dra.

Kom ons draai na Hom, in oomblikke van nood
Kom ons vertrou op Sy genade, om in al ons behoeftes te voorsien
Want sy genade is genoeg vir jou en my
'n Geskenk wat vrylik gegee word, vir alle ewigheid.

## *Gedig 91*

**Onder die Sonlig Hemelruim**

Deur
Shane Marquin van Rooyen

Onder die groot en sagte gloed, waar die sagte winde waai.
n Vrou versier in stille genade,
Verlore in gedagte, in 'n rustige ruimte.

Haar blik dryf ver, verby bome en strome,
Vir ryke hou sy in gekoesterde drome.
n Halssnoer rus op haar bors,
Soos geheime bewaar,
soos verhale onderdruk.

Miskien wag sy, of laat die dag

*Ereklere Harte*

Ontvou in fluister, kalm en verdwaal.
Met krag en houding in oë so helder,
Sy bak onder die kwynende lig.

Hier is 'n hart, ongekende, ongesiens,
Toegedraai in kalm, saamgestelde, rustigheid.
ń lewe, 'n storie, gehou binne—
n Stil plek waar drome begin.

# Gedig 92

**Dansende Vlamme**

Deur Shane Marquin van Rooyen

ń Passie so vol,
so wild en waar
Dit ontbrand die siel, stel die gees vry,
ń Brandende begeerte, vir almal om te sien.

Die vlamme dans, hulle flikker en swaai,
ń Meedoënlose hitte, wat nooit verdwyn nie,
Dit verteer jou gedagtes,
jou elke droom,
'n Onverloënlose vuur, 'n brandende stroom.

Dit verlig die duisternis, dit verban die nag,
ń vlam so helder, dit skyn met al sy mag,
Dit maak jou hart warm, dit brand jou ry,

## Ereklere Harte

'n Vurige passie wat jou lewendig laat voel.

Dit stoot jou vorentoe, dit brand jou ambisie,
'n Brandende vuur, wat alle inhibisie trotseer,
Dit bevorder jou kreatiwiteit, jou eindelose musie,
'n Passie so voll, dit is onmoontlik om te weier.

Laat dit brand, laat dit brul en woed
ń vuur in jou,
wat geen hok ken nie,
Want dit is die vonk wat die pad verlig,
'n Brandende vuur

# Gedig

**Die Keel klop**

Deur
Shane Marquin van Rooyen

Dit voel asof my hart in my keel klop
Sensasie so vreemd,
dit is moeilik om te wy,
Om te verstaan waarom hierdie gevoel voortduur
Asof my hart en my keel op een of ander manier mekaar
ontmoet,

Die ritme, die ritme, so hard en duidelik
Asof my hart naby probeer wees
Na my stem, my woorde, my elke gedagte
Dit is so sterk dat dit nie gekoop kan word nie

Dit voel asof my hart probeer praat

## Ereklere Harte

Deur my keel, 'n boodskap wat dit soek
Om oor te dra aan die wêreld, aan diegene rondom
Liefde, vrees, 'n vreugde wat diep is

Is dit liefde wat hierdie vreemde sensasie veroorsaak?
Of vrees, of woede, of bewondering?
Vir iemand, iets wat my siel raak
En laat my hart buite beheer voel

Of is dit net die liggaam se reaksie
Om te stres, tot opwinding, tot tevredenheid?
Fisiese reaksie op emosies diep
Dit laat my voel dat ek nie kan slaap nie

Wat ook al die rede is, die gevoel bly
Dit herinner my dat my hart nog steeds regeer
In my liggaam, my siel, my wese
n Hartseer, 'n teken van my teenwoordigheid

Laat dit in my keel klop, hard en duidelik
Dit herinner my dat ek nog hier is
Lewendig, bewus en gereed om te kyk
Watter uitdagings ook al mag oor my pad kom, met genade.

# Gedig 94

**Studente Ingesteldheid**

Deur
Shane Marquin van Rooyen


In hierdie wêreld,
is dit so groot en wreed
Dit is belangrik om weg te bly,
Van negatiewe energieë,
moenie toelaat dat hulle inmeng nie.

Bly weg van dwelms en wanhoop,
Van vriende wat jou dwaalweg lei, pasop.
Fokus op jou toekoms,
op jou loopbaan
Laat positiwiteit jou baken wees, jou grens.

*Ereklere Harte*

Moet nooit God van jou lewe uitsluit nie
Bou 'n verhouding deur gebed, verminder twis.

Bly gefokus, druk na jou doelwitte,
Laat vasberadenheid die vuur in jou siel wees.

Moenie inhoud van vieslike aard skep of deel nie
Geen seksuele inhoud, vloek, haatspraak of gevaar nie.
Geweld, ekstremisme en afknouery het geen plek nie,
Versprei liefde en vriendelikheid,
laat geen spoor nie.

Vermy die bevordering of misbruik van beïnvloedende
stowwe,
Kies 'n pad van geregtigheid en deug,
Laat jou optrede harder praat as woorde,
so waar.

Onthou,
student en leerling,
Jou potensiaal is onbeperk,
Bly op die regte pad, bly weg van die verkeerde,
bly weg
En op die ou end ,
sal jy sterk na vore kom.

# Gedig 95

**Wanneer 'n Kind Gebore word**

Deur

Shane Marquin van Rooyen

Die pyn van 'n ma word stilweg teruggetrek,
In die diepte van haar siel
soos 'n nuwe lewe begin ontvou.

Die gevoel van geboorte,
Is nie net fisies nie,
Dit is geestelik, emosioneel en geestelike
Transformasie wat werklik is.

Vir nege maande het sy gedra,
Die gewig van 'n ander wese
Nou,

*Ereklere Harte*

in 'n sarsie pyn
Sy word van die onsigbare bevry.

Die arbeid is lank en moeilik
Maar sy druk deur
Met die krag van generasies
Vloei in haar are waar.

Soos die kind na vore kom
In die harde lig van die dag
Sy is in liefde gebad
Dit sal nooit swaai nie.

Die pa staan aan haar sy
Haar hart is gevul met trots
Vir sy maat in die lewe
Wie het die gety verduur.

Hulle is saam welkom
Hierdie stukkie vreugde
Hulle harte loop oor
Met liefde kan hulle nie vernietig word nie.

Die gevoel van geboorte
Dit gaan nie net oor bloed en pyn nie
Dit gaan oor die skepping van 'n nuwe lewe
En die onbreekbare band van ouer en kind.

# Gedig 96

**Verveelde Vrou verstand**

Deur
Shane Marquin van Rooyen

ń Verveelde vrou doen mal dinge om besig te bly,
Blaai eindeloos, voel duiselig.
Sy verlang na konneksie,
maar bly alleen,
Verlore in 'n virtuele wêreld, nooit werklik bekend.

Sy mis die lag, die aanraking van 'n hand,
Maar in haar eensaamheid kan sy skaars staan.
Die skerm hou haar gevange, in sy gloeiende lig,
Laat haar verlore, in die dieptes van die nag.

Sy droom van avontuur, van dae lank verby,
Maar in haar verveling voel sy so alleen.

*Ereklere Harte*

Die wêreld wag op haar oproep,
Maar die skerm hou haar styf vas,
in sy digitale wéreld

O, verveelde vrou,
breek vry van die skerm,
Omhels die wêreld, laat jou gees gesien word.
Daar is skoonheid in die lewe, in oomblikke so Groot.

# *Gedig 97*

**Jy is 'n Sterk Man**

Deur
Shane Marquin van Rooyen

Jy is 'n sterk man,
met 'n hart van goud
n Pilaar van krag, in 'n wêreld so koud.
Wees 'n goeie man vir jou liefdevolle vrou
Ondersteun haar drome en koester haar lewe.

Wees 'n goeie pa, vir jou kinders so lief,
Leer hulle reg van verkeerd en wees altyd naby.
Lei hulle met wysheid en wys hulle die weg,
Lei deur voorbeeld, elke dag.

Wees 'n goeie leier, vir ander rondom,
Inspireer met vriendelikheid, en laat hulle nooit in die steek

*Ereklere Harte*

nie.
Toon respek aan almal, ongeag hul stasie,
Versprei liefde en deernis, aan elke nasie.

Bereik vir die sterre en gee nooit op nie
Werk hard en volhard, en jy sal jou beker vol maak.
Ondersteun jou familie in alles wat jy doen
Hulle sal jou krag wees om jou te help om deur te druk.

Staan hoog en trots, in alles wat jy is
'n Baken van hoop wat helder skyn soos 'n ster.
Wees die man wat jy bedoel was om te wees
En jy sal 'n nalatenskap nalaat, vir almal om te sien.

# Gedig 98

**Die Hart van 'n Vader**

Deur
Shane Marquin van Rooyen

Die hart van 'n vader, rein en waar
Klop met liefde vir sy gekoesterde paar
In sy omhelsing, 'n hawe van sorg
Hy koester, beskerm, altyd daar

Deur alle beproewings staan hy sterk
Begeleiding van sy geliefdes
Sy teenwoordigheid bring vrede
Sy liefde het nooit geweet om op te hou nie

Maak nie saak wat die lewe kan bring nie
Die liefde van 'n vader sal altyd sing
Die melodie van hoop en genade

*Ereklere Harte*

n Baken in 'n chaotiese wedloop

Sy opregtheid, 'n kosbare geskenk
Opheffing van geeste, siele opgehef
Voeg waarde toe aan elke dag
Sy liefde verlig die pad

Laat ons eer, koester, aanbid
Die vader wie se liefde ons smeek
Want in sy hart, rein en groot
Ons vind die ware liefde in die land.

# Gedig 99

**Red Genade,
soos 'n Blink Ridder op ń Wit perd**

Deur
Shane Marquin van Rooyen

Hier kom hy en ry op sy wit perd
Soos 'n blink ridder, my redder, natuurlik
Met oë wat soos die sterre daarbo skitter
Hy vul my hart met warmte en liefde

Sy edele steed gly moeiteloos
Deur velde van groen, onder lug so vry
Ek kyk met verwondering hoe hy nader kom
Sy teenwoordigheid kalmeer al my vrees

Hy steek 'n hand uit so sterk
Trek my aan waar ek hoort

*Ereklere Harte*

In sy arms voel ek so veilig
In sy omhelsing is daar geen ontsnapping nie

Hy fluister woorde so soet en waar
Beloftes om my altyd deur te sien
Deur storms en beproewings sal hy aan my sy wees
In Hom sal my geloof nooit wegsteek nie

Saam ry ons in die nag
Onder die maan se sagte gloeiende lig
Sy liefde omring my soos 'n warm omhelsing
In sy arms vind ek my vreedsame ruimte

So hier kom hy, my blink ridder, red genade, hier kom hy
Ek lei my deur die donkerste nag
Op sy wit perd lei hy die pad
My beskermer, my lig, my dag.

# Gedig 100

**Een Honderd Weë van Omgee**

Deur
Shane Marquin van Rooyen

Sorg is 'n pragtige ding
Op 'n honderd maniere kan dit bring
Gemak vir behoeftiges
Plant liefde soos 'n saad.

n Glimlag, 'n drukkie, 'n luisterende oor,
Kan verdriet en vrees wegvee.
Helpende hand, 'n vriendelike woord
Kan harte herstel wat geroer word.

In 'n wêreld vol geraas en twis,
Om vir ander te sorg is 'n kosbare lewe.
Klein goedjies kan ver gaan,

## Ereklere Harte

Verhelder lug soos 'n blink ster.

Van die hou van 'n deur om 'n hand te gee,
Daar is talle maniere om standpunt in te neem.
In elke aksie, groot of klein,
Liefde en sorg kan alles oorwin.

So kom ons versprei vriendelikheid wyd en wyd
Laat liefde op honderd maniere bly.
Want in die versorging van ander, vind ons,
Die ware wese van die mensdom.

Ek neem hierdie oomblik om krediet te gee waar dit verskuldig is,
wat my aanhou inspireer,
Hierdie versameling is 'n teken van waardering vir elke ereklerue hart.

Elke vers is 'n weerspieëling van jou lewe na sukses,
ń viering van jou bestaan en vaardigheid
Ek verwelkom jou prestasies,
groot en klein,
En eer jou verbintenis om te vervul.

Of jy 'n toets gaan slaag of 'n wedstryd gaan wen,
Of bloot vriendelikheid aan 'n vriend in nood gaan toon,
Jou optrede gaan nie ongesiens of ongewaardeerd nie
Jou sukses is iets wat ons almal moet herken

Lees hierdie gedigte met trots en vreugde, berustheid van gemoed

## *Gedig 100*

Weet dat hulle geskryf,
is met liefde en sorg,
Net vir jou,
Jy verdien hierdie toekenning en nog baie meer
Met my hoop dat hierdie versameling jou geluk bring om
saam te dra.

# *Gedig 101 Tot Bemoediging*

**Die vertroue**

Deur
Shane Marquin van Rooyen

Ek maak my oë toe en voel Sy teenwoordigheid naby
Ek weet dat God in beheer is en elke vrees uitskakel
Sy planne vir my is perfek, maar soms moeilik om te verstaan
Maar te midde van chaos vertrou ek die werk van Sy liefdevolle hand

Die lewe gaan dalk nie altyd soos beplan nie, drome kan verkrummel en val
Maar in die duisternis van wanhoop hoor ek nog steeds Sy sagte oproep
Om stil te wees en te weet dat Hy God is, om vas te hou en nooit los te laat nie
Om te vertrou op Sy tydsberekening, Sy wysheid, Sy liefde

## Gedig 101 Tot Bemoediging

wat altyd vloei

In hierdie wêreld van konstante geraas, afleiding trek ons uitmekaar
Ons moet leer om die chaos stil te maak en ons harte op te los
Aan die stem van die Almagtige, lei ons op hierdie reis wat die lewe genoem word
Om ons vrese, bekommernisse en twyfel oor te gee aan Sy goddelike lig

Dit is maklik om Hom uit die oog te verloor, in die besige tyd van ons tyd
Maar as ons tyd maak vir gebed, vir stilte, vir lof
Ons sal begin om Sy handewerk in elke klein dingetjie te sien
En besef dat Hy in beheer is, ons harte tot Sy liefde sal Hy bring

Laat ons dus stilbly en weet dat God altyd aan ons kant is
Begeleiding, beskerming, liefde ons met arms oop wyd
Laat ons vertrou op Sy plan vir ons, in Sy perfekte ontwerp
En wandel in geloof, hoop en liefde, wetende dat Sy wil ooreenstem

Met die diepste begeertes van ons harte, die drome wat ons liefhet
Wees altyd stil en weet dat God in beheer van jou lewe is
En Hy sal jou lei na die pad wat jou gees sal laat floreer.

# Gedig 102 Bemoediging slotte

**Die Krag van U Gebed**

Deur
Shane Marquin van Rooyen

Wanneer alles stil en buite sig is,
Ek buig my kop en maak my oë toe
En stuur my gebede na die hemel.

Ek onderskat nooit die krag nie
Ons gebede in die donkerste uur
Want in die stilte word hulle gehoor
En beantwoord met 'n liefdevolle woord.

Die dieper verband voel ek
Aan 'n krag wat werklik werklik werklik is
Begeleiding van my deur beproewings en vrese,
Wip my stille trane weg.

## *Gedig 102 Bemoediging slotte*

Wanneer die wêreld koud en donker lyk
En ek voel verskeur,
Ek wend my tot gebed om my pad te verlig
Bring elke dag 'n gevoel van hoop.

Ek weet nie altyd wat in die winkel is nie
Maar deur my gebede vind ek meer,
Sterkte om lewensproewe en toetse die hoof te bied
En weet dat ek regtig geseënd is.

Moet dus nooit die krag onderskat nie
Van jou gebede in elke donker uur
Want hulle kan 'n gevoel van vrede bring
En laat jou bekommernisse ophou.

Deur gebed vind ons 'n manier,
Om elke dag te navigeer
Met liefde en geloof as ons gids,
Ons sal enige storm wat mag woon, deurstaan.

Laat julle gebede die hemel bereik
En kyk hoe wonderwerke ontstaan,
n dieper verbinding wat jy sal vind
Aan 'n krag wat liefdevol en vriendelik is.

## About the Author

Shane Marquin van Rooyen is 'n vooraanstaande skrywer wie se literêre reis van kleins af diep gewortel is, dit het gegroei deur sy grenslose geloof.

Shane, 'n skrywer wat toegewy is aan die genres van geloofsgebaseerde literatuur, geestelike narratiewe en fantasie/romanse, het meesterlik geweefde stories wat resoneer met diepgaande emosies en universele waarhede.

Van sy vroegste herinneringe het Shane 'n droom gekoester om een van die mees inspirerende skrywers van sy tyd te word.

Hierdie kinderjare aspirasie het sy meedoënlose strewe na uitnemendheid in die kuns van geestelike storievertelling aangevuur. Vandag staan hy as 'n bewys van die krag van drome, nadat hy vier indrukwekkende boeke geskryf het wat lesers en kritici bekoor het.

Drome kan waar word, ongeag ons omstandighede, Sedert 2023 het Shane 'n belangrike stap in sy loopbaan geneem deur sy werke te publiseer, wat sy onwrikbare verbintenis toon om sy stories met die wêreld te deel, deur sy liefde vir mense rondom hom te deel.

Shane se skryfwerk oortref blote vermaak;
dit beskik oor die merkwaardige vermoë om verandering teweeg te bring, hoop te bied en genesing te bevorder.

Sy vertellings is noukeurig saamgestel om lesers te herstel en te lewer uit die kompleksiteite van die lewe, wat vertroosting en inspirasie verskaf deur elke noukeurig gekose woord. Met elke boek nooi Shane lesers na 'n wêreld waar geloof en werklikheid verweef, wat 'n heiligdom van ware werklikheid en geestelike refleksie skep.

Terwyl hy voortgaan om die droom na te jaag wat hom van kleins af aangedryf het, werk Shane Marquin van Rooyen ywerig aan talle projekte en belowe 'n oorvloed nuwe stories in die nabye toekoms.

Sy toewyding aan sy kuns en sy passie vir geloofsgebaseerde, Christelike lewe, storievertelling verseker dat sy literêre bydraes sal voortgaan om lesers regoor die wêreld te inspireer en op te hef, insluitend sy fantasie/romanse wat oor ons pad kom.

Shane Marquin van Rooyen se reis is 'n bewys van die blywende krag van geloof, werklikheid, verbeelding en die geskrewe woord.

Deur sy boeke vertel hy nie net sy eie storie nie, maar verlig hy ook die pad vir ander,

moedig hulle aan om hoop en genesing op die bladsye van sy boeiende vertellings te vind.

Met die hoop om 'n verskil te maak en verandering te bring waar dit nodig is.

Die lees van 'n boek kan die verborge toekoms van 'n mens se lewe oopmaak.

Gaan uit en kry vir jouself een van Shane Marquin van Rooyen se boeke aangesien dit op baie platforms beskikbaar is.

Ek het dit gedoen,

En dit het die vreugde, selfvertroue en hoop teruggebring om nooit op te gee op enigiets nie, selfs nie my eie kind nie.

Dankie

Soveel vir ondersteuning.

Dit is Shane Marquin van Rooyens se verhaal

**You can connect with me on:**

f https://www.facebook.com/profile.php?id=100009656510610 mibextid=ZbWKwL

Milton Keynes UK
Ingram Content Group UK Ltd.
UKHW021401011224
451693UK00012B/887